Buch

Warum können manche Menschen im Überfluß leben, während andere nur mühselig das tägliche Dasein fristen? Was macht die Erfahrung der Fülle aus? Kommt es auf Geld und materiellen Besitz an? Ist Geld ein Übel? Können wir reich und trotzdem auf spirituelle Werte ausgerichtet sein?
Diese und viele andere Fragen über Reichtum und Fülle behandelt Neale Donald Walsch. Er geht von seiner eigenen Erfahrung aus, und doch ist seine Perspektive so breit, daß seine Einsichten uns alle betreffen, wo immer wir im Leben stehen mögen. Er spricht über die häufigtsten Hinderungsgründe, die uns abhalten, spitiuellen oder auch materiellen Reichtum zu erfahren, und er stellt heraus, daß es nicht auf das ankommt, was wir beschließen zu tun, sondern was wir beschließen zu sein.

Autor

Neale Donald Walsch arbeitete als Journalist und Verleger, war Programmdirektor eines Rundfunksenders, Pressesprecher eines großen amerikanischen Schulträgers und gründete eine erfolgreiche Werbe- und Marketingfirma in San Diego. In einer schweren Krise machte er die Erfahrung, daß er mit Gott sprechen konnte und erhört wurde. Was er als Ende seines Lebens empfunden hatte, erwies sich in Wahrheit als großartiger Neuanfang. Anschauliches Zeugnis dieser geistigen Öffnung sind die Bände der Gespräche mit Gott. Heute lebt Walsch mit seiner Frau Nancy im Süden Oregons. Gemeinsam gründeten sie ein Zentrum der Besinnung und Selbstfindung. Um die Botschaften seiner Bücher zu verkünden, hält Walsch Vorträge und veranstaltet Workshops in aller Welt.

Bei Goldmann ist bisher von Neale Donald Walsch erschienen:
Gespräche mit Gott, Band 1 (HC 30734; als Hörbuch: Arkana Audio CD 33683) · Gespräche mit Gott, Band 2 (HC 33612) · Gespräche mit Gott, Band 3 (HC 33627) · Freundschaft mit Gott (HC 33632) · Gemeinschaft mit Gott (HC 33629) · Neue Offenbarungen (HC 33695) · Gott heute (HC 33704) · Beziehungen (HC 33629) · Ganzheitlich leben (HC 33629) · Gespräche mit Gott – Arbeitsbuch zu Band 1 (21559) · Fragen und Antworten zu »Gespräche mit Gott« (21611) · Gott erfahren (21626) · Erschaffe dich neu (16443) · Bring Licht in die Welt (16451)

Neale Donald Walsch

Rechtes Leben und Fülle

Wegweisungen für den Alltag

Aus dem Englischen von
Susanne Kahn-Ackermann

Die Originalausgabe erschien 1999 unter dem Titel
»Neale Donald Walsch on Abundance and Right Livelihood«
bei Hampton Roads Publishing Company, Inc.,
Charlottesville, VA, USA.

Umwelthinweis
Alle bedruckten Materialien dieses Taschenbuches
sind chlorfrei und umweltschonend.

Vollständige Taschenbuchausgabe September 2002
© 2000 der deutschsprachigen Ausgabe
Wilhelm Goldmann Verlag, München
in der Verlagsgruppe Bertelsmann GmbH
© 1999 der Originalausgabe Neale Donald Walsch
Published by arrangement with
Hampton Roads Publishing Co. Inc.
Vermittelt von der Literarischen Agentur
Thomas Schlück GmbH, 30827 Garbsen
Umschlaggestaltung: Design Team München
Umschlagfoto: Zefa/Rose
Redaktion: Annette Gillich
Satz/DTP: Martin Strohkendl, München
Druck: GGP Media GmbH, Pößneck
Verlagsnummer: 21615
Redaktion: Annette Gillich
WL · Herstellung: WM
Made in Germany
ISBN 3-442-21615-X

2. Auflage

Für
Dr. Leo Bush
und
Letha Bush

Die so vielen so großzügig von all dem gegeben haben,
was sie sind und was sie haben.

Sie beide haben mit ihrem Leben der Großzügigkeit
ihre Fülle demonstriert und *erhalten*.
Sie dienen all jenen als inspirierendes Vorbild,
die das Glück haben, sie zu kennen.

Einleitung

Die größte Ironie des Lebens ist die, daß wir das, was wir alle haben wollen, alle schon haben.

Wir haben eine Fülle von all dem, was wir gerne in Hülle und Fülle hätten.

Sie glauben vielleicht nicht, daß dies auf Sie oder andere Menschen, die Sie kennen, zutrifft, aber es ist wahr. Nur unser Gedanke, daß es *nicht* wahr ist, läßt es nicht zutreffend *erscheinen*.

Unsere Perspektive, unser Blickwinkel spielen für die Art und Weise, wie wir das Leben erfahren, eine außerordentlich große Rolle. Was die eine Person als »Mangel« bezeichnet, nennt eine andere »Fülle«. Und so erschaffen unsere persönlichen Definitionen unsere persönlichen Erfahrungen. Und unsere Definitionen oder das, was ich unsere Entscheidungen in bezug auf die Dinge nenne, reproduzieren und erweitern sich. Wenn wir sagen, daß etwas so ist, wird es sich dahin entwickeln, daß es so ist.

Woher ich das weiß? Ich weiß es, weil ich ein guter

Wegweisungen für den Alltag

Zuhörer bin. Sehen Sie, ich habe einen ganze Weile lang Fragen zur Fülle und zum Geld gestellt, und zu dem, was manche Menschen im englischen Sprachraum »*right livelihood*« nennen, was sowohl die rechte Art und Weise, zu einem angemessenen Lebensunterhalt zu kommen, wie auch eine rechte und angemessene Lebensführung und erfüllende Lebensweise in umfassenderem Sinn meint. Vor ein paar Jahren begann ich dann Antworten zu bekommen, und ich glaube, daß sie von Gott kamen. Als ich sie erhielt, war ich davon so stark beeindruckt, daß ich beschloß, diese Antworten zu protokollieren. Daraus entstanden die drei Bände von *Gespräche mit Gott*, die weltweit zu Bestsellern wurden.

Es ist nicht nötig, daß Sie meinen Glauben an die Quelle dieser Antworten teilen, um Nutzen daraus zu ziehen. Sie brauchen nur für die Möglichkeit aufgeschlossen zu bleiben, daß es da etwas gibt, das die meisten Menschen in bezug auf die Fülle nicht verstehen, das aber alles verändern könnte, wenn man es schließlich begreift.

In ebendieser Geisteshaltung versammelte sich im Januar 1999 eine Gruppe von etwa vierzig Personen in einem Haus bei San Francisco, um gemeinsam mit mir zu erkunden, was die *Gespräche mit Gott* zu diesem Thema zu sagen haben. Ich vermittelte der Gruppe alle

Rechtes Leben und Fülle

meine Erkenntnisse über das Material, das sich darüber in den Dialogen findet, und antwortete auf Fragen. Die positive Energie dieses Nachmittags war ein geradezu elektrisierendes Erlebnis und führte zu einem frei fließenden Strom wunderbarer Weisheit, der zu meiner Freude auf Video und Tonband aufgenommen wurde und inzwischen in überarbeiteter Fassung der Öffentlichkeit zugänglich ist.

Dieses Buch ist eine Transkription dieses Ereignisses und wirkt meiner Ansicht nach viel flüssiger und anregender als ein Text, der von vornherein für eine Buchpublikation konzipiert wird. Und da es keine Begrenzungen für den Umfang gab, konnten wir Material mit aufnehmen, das sich auf dem Video und auf der Tonbandkassette, die aus Produktionsgründen gekürzt werden mußten, nicht findet.

Im wesentlichen sagt Gott uns in *Gespräche mit Gott*, daß die meisten von uns nicht wirklich verstehen, was Fülle ist, und daß wir sie zudem mit Geld verwechseln. Doch wenn wir eine Bestandsaufnahme dessen machen, was wir wahrhaft in Fülle haben, und uns dazu entscheiden, es mit all denen großzügig zu teilen, mit deren Leben wir in Berührung kommen, werden wir feststellen, daß uns das, was wir für Fülle *hielten* – Geld – reichlich zufließt.

Wegweisungen für den Alltag

Doch auch diese Ereigniskette können viele von uns nicht nachvollziehen und akzeptieren. Denn wir glauben, daß Geld ein Erfahrungsbereich und eine Energie ist, die außerhalb der Wirklichkeit Gottes angesiedelt sind. Doch nichts im Universum existiert außerhalb der Wirklichkeit Gottes. Es gibt nichts, das nicht ein *Teil* Gottes wäre. Wenn wir erst einmal begreifen, daß Geld ein Teil dessen ist, was Gott *ist*, verändert sich unsere Einstellung zum Geld. Wir sehen es als eine Erweiterung der Herrlichkeit Gottes an, nicht als die Wurzel allen Übels. Und das kann erstaunliche Resultate bewirken.

Es ist *möglich*, die Erfahrung von Fülle zu machen, und die außergewöhnlichen Erkenntnisse in *Gespräche mit Gott* zeigen uns auch, wie.

Hier sind nun diese Erkenntnisse, so wie ich sie bekommen und verstanden habe. Ich teile sie mit Ihnen in aller Demut und hoffe, daß Sie davon profitieren – wenn auch nur eine Bemerkung ein neues Fenster aufstößt oder eine ganze Tür zu größerem Glück aufreißt.

Neale Donald Walsch
Juli 1999
Ashland, Oregon

Rechtes Leben und Fülle

Nun, es ist schön, Sie alle hier zu sehen. Guten Morgen miteinander. Guten Morgen, mein Liebling. Das ist meine Frau. Guten Morgen. Ich nenne nicht jedermann hier im Publikum »mein Liebling«, könnte aber versucht sein, es zu tun.

Ich möchte diesen Morgen gerne damit einleiten, daß ich ein bißchen über die Ereignisse in meinem Leben erzähle. Ich möchte auf ein paar Erfahrungen eingehen, die ich in den letzten sechs bis acht Jahren machte, möchte Sie ein bißchen aufwärmen, Sie auf den neuesten Stand bringen und wissen lassen, wie das alles für mich war. Und dann können wir von da ausgehend anfangen, über ein paar spezielle Themen zu sprechen und sie, wie ich hoffe, hier gemeinsam erforschen.

Ich freue mich, daß Sie sich dazu entschieden haben, heute mit mir in diesem Raum zu sein. Ich freue mich, daß Sie sich dazu entschieden haben, zu dieser Zeit mit mir auf diesem Planeten zu sein. Dies ist eine sehr, sehr wichtige Zeit. Das haben die Menschen schon seit Jahr-

Wegweisungen für den Alltag

hunderten gesagt und auch stets so gemeint. Nur bin ich mir nicht ganz sicher, ob dies immer so zutraf wie gerade heute.

Wir treten auf diesem Planeten in eine Phase ein, in der sich unsere Entscheidungen und die Wahl, die wir treffen, in einem sehr entscheidenden und ganz außergewöhnlichen Maße auf die ganze Menschheit und den Planeten auswirken und sie beeinflussen werden. Es ist also wirklich wichtig, daß wir in Gruppen wie dieser zusammenkommen, in großen und kleinen Gruppen, daß wir uns über unsere Realität und unser Verständnis austauschen und uns noch klarer über das werden, was wir alle gemeinsam haben. Und wenn wir feststellen, daß es Unterschiede zwischen uns gibt, dann sollten wir Wege finden, diese Unterschiede zu feiern. Denn wenn wir nicht lernen, unsere jeweilige Verschiedenheit und Andersartigkeit zu feiern, werden wir auch nicht imstande sein, auf diesem Planeten etwas anders zu *machen*. Und Sie sind hierhergekommen, um etwas zu ändern. Deshalb haben Sie sich zu diesem Zeitpunkt in Ihrem Körper inkarniert. Deshalb sind Sie in diesem speziellen Moment auf diesen speziellen Planeten gekommen. Zudem sind Sie, ob Sie es nun wissen oder nicht, mit einer sehr umfassenden Tagesordnung hierhergekommen. Und für die meisten Menschen erweist sich diese Ta-

Rechtes Leben und Fülle

gesordnung als weitaus umfangreicher, als sie sich ursprünglich gedacht oder vorgestellt haben. Das möchte ich noch einmal sagen: Für die meisten Menschen erweist sich diese Tagesordnung als weitaus umfangreicher, als sie ursprünglich dachten oder sich vorstellten.

Um es gleich vorweg zu sagen, Ihr Leben hat nichts mit Ihnen zu tun. Und das könnte Ihre ganze Vorstellung über das, was Sie hier tun, verändern. Ihr Leben hat auch nichts mit Ihrem Körper zu tun. Auch das könnte Ihre ganze Vorstellung über das, was Sie hier tun, verändern. Ihr Leben hat mit der Tagesordnung zu tun, die Sie für sich aufgestellt haben, und zwar mit jenem Teil von Ihnen, den wir in unserem Sprachgebrauch »die Seele« nennen.

Meiner Beobachtung nach haben nur sehr wenige Menschen in diesem speziellen Leben viel Zeit darauf verwandt, der Tagesordnung ihrer Seele Beachtung zu schenken. Ich weiß, daß *ich* es nicht getan habe. Ich schenkte den Großteil meines Lebens der Tagesordnung meines Egos, meines Geistes, meines Körpers Beachtung – mit anderen Worten jenem Teil von mir, den ich für das hielt, was ich wirklich bin. Und die Tagesordnung meiner Seele interessierte mich kaum, der wirkliche Grund meines Daseins. Und doch beginnen die von uns, die auf den wirklichen Grund für unser Hiersein

Wegweisungen für den Alltag

blicken, einen außergewöhnlichen Einfluß auf die Welt
zu nehmen – einen Einfluß, der alles übersteigt, was Sie
für möglich gehalten hätten. Plötzlich finden Sie sich
vor einem ... Abgrund, am Rand einer Klippe. Ganz ähnlich, wie Apollinaire es einst beschrieb:

»Kommt an den Rand der Tiefe.«

»Wir können nicht. Wir fürchten uns.«

»Kommt an den Rand der Tiefe.«

»Wir können nicht. Wir werden fallen.«

»Kommt an den Rand der Tiefe.«

Und sie kamen. Und er *stieß* sie. Und sie flogen.

Es gibt ein paar von uns, nur sehr wenige, die nun bereit sind zu fliegen, bereit sind, sich an Orte zu begeben,
die, wie Gene (Roddenberry) sagte, noch kein Mensch
zuvor betreten hat, und all jene mitzunehmen, deren
Leben sie berühren. Sie mitzunehmen auf einem Flug
der Phantasie, der die Welt wahrhaft verändern wird. Sie
werden in diesen Tagen und Zeiten die Gelegenheit zur
Entscheidung haben, ob Sie zu diesen wenigen Auser-
wählten gehören wollen; auserwählt von Ihnen selbst,
möchte ich hinzufügen. Dies ist ein Prozeß der Selbst-
auswahl. Eines Tages wachen Sie auf, schauen in den
Spiegel und sagen: »Ich wähle mich aus. Ich wähle
mich. Ich bin es.«

Es hat wirklich *große* Ähnlichkeit mit einem Kinder-

Rechtes Leben und Fülle

spiel, wissen Sie. Es wird mit all der Hingabe und Freude von miteinander spielenden Kindern unternommen – nur daß es bei diesem Spiel nur einen Spieler gibt. Und jetzt müssen Sie das Versteckspiel aufgeben und anfangen, Fangen zu spielen: »Ich bin es.« »Sie sind es.« »Vielen Dank.«

Sie werden sich also in diesen Tagen und Zeiten selbst wählen müssen – oder auch nicht, wie Sie wollen. Wie *Sie* wollen. Doch wenn Sie sich selbst dazu auserwählen, in diesem speziellen Spiel mitzuspielen, dann werden Sie feststellen, daß Sie sich dazu gebracht haben, Ihre ganzen vormaligen Glaubensvorstellungen, Erkenntnisse und Gedanken darüber, was Sie hier tun und warum Sie sich zu diesem Zeitpunkt und an diesem Ort in Ihren Körper begeben haben, beiseite zu lassen. Sie werden alle Ihre Gedanken, die Sie jemals darüber hatten, ändern. Und Sie werden entdecken, daß Ihr Leben in der Tat nichts mit Ihnen oder Ihrem Körper zu tun hat.

Ironischerweise wird Ihnen in dem Augenblick, in dem Sie sich dazu entscheiden und erklären, daß Ihr Leben nichts mit Ihnen oder Ihrem Körper zu tun hat, alles, was Sie jemals anstrebten, wonach Sie dürsteten, was Sie für sich selbst und Ihren Körper zu erhalten bemüht waren, *automatisch* zukommen. Und das wird

Wegweisungen für den Alltag

Ihnen sogar egal sein, denn Sie werden es nicht länger brauchen. Sicher, Sie werden es genießen. Aber Sie werden es nicht mehr brauchen. Und der Kampf wird endlich vorbei sein.

Aber für Hunderte und Tausende, ja vielleicht Millionen von Menschen, deren Leben Sie berühren werden, wird er erst begonnen haben. Und Sie werden sie jeden Tag sehen – Menschen, die am Anfang des Kampfes stehen, die jene ersten paar Schritte auf der Reise nach Hause tun. Diese Menschen werden, so wie Sie, bildlich gesprochen, wenn nicht sogar im buchstäblichen Sinne, eine Hand ausstrecken. Und sie werden sich umsehen und hoffen, jemanden zu finden, der ihnen eine Hand entgegenstreckt und sagt: »Komm, folge mir«; der zu sagen *wagt*: »Ich bin der Weg und das Leben. Folge mir.«

Das mag sich für manche Menschen allzu religiös anhören. Aber dies ist das dritte und letzte der Kinderspiele, das das Kind in uns, nämlich unsere Seele, spielen wird. Nicht mehr *Verstecken*; nicht mehr *Fangen*; jetzt ist *Folgt dem Anführer* dran.

Folgt dem Anführer. Und Sie sind die Anführerin oder der Anführer. Und wir werden Ihnen folgen. Wir werden in Ihre Fußstapfen treten. Ich werde die Wahl treffen, die du treffen wirst. Wir werden die Entscheidungen fällen, die du fällst. Wir werden die Worte sagen, die du sagst,

Rechtes Leben und Fülle

wir werden die Welt so berühren, wie du sie berührst. Wir folgen deiner Führung.

Würde es für Sie am Verlauf dieses Tages irgend etwas ändern, wenn Sie sich vorstellten, daß die ganze Welt Ihnen heute zusieht und in allem, was Sie denken, sagen und tun, Ihrem Beispiel folgte? Für manche von Ihnen würde das vielleicht ein ganz kleines bißchen ändern.

Nun, die ganze Welt folgt Ihnen, ob Sie es wissen oder nicht. Das ist das große Geheimnis: Die ganze Welt – und ganz sicher die Welt derer, deren Leben Sie berühren – folgt Ihnen. Wir sehen Ihnen zu. Wir sehen, wer Sie wirklich sind. Wir sehen, wer Sie Ihrer Meinung nach sind. Und wir orientieren uns an Ihnen. Wie Schauspieler auf der Bühne imitieren wir Sie, weil wir sonst niemanden haben, den wir imitieren können. Wir sind alles, was da ist. Da ist sonst niemand.

Wir können uns außerhalb unerer selbst nach irgendeinem größeren Vorbild irgendwo da oben im Himmel oder auch in unserer eigenen Phantasie umsehen, letztlich aber werden wir doch einander imitieren. Letztlich werden Kinder ihre Eltern, Eltern ihre Eltern, wird eine Nation eine Nation nachahmen. Letzten Endes orientieren wir uns aneinander, bis einer von uns hervortritt und sagt: »Nicht jenen Weg. Diesen Weg.«

Also ist Ihre Entscheidung zu diesem Zeitpunkt Ihres

Wegweisungen für den Alltag

Lebens, in dieser kritischen Phase zur Jahrhundertwende und des Eintritts in ein wahrhaft neues Zeitalter von entscheidender Bedeutung. Es ist keine geringfügige Entscheidung, denn Sie treffen sie nicht nur für sich selbst. Die Entscheidung, die Sie in diesen Tagen und Zeiten treffen, treffen Sie auch für alle anderen im Raum. Und der Grund dafür ist sehr klar. Denn außer Ihnen *ist* sonst niemand im Raum. Hier sind Sie in Ihren vielen anderen manifesten Formen; hier sind *Sie*. Also treffen Sie die Entscheidung, die Sie für sich selbst treffen, für alle von uns. Denn es gibt hier nur einen von uns.

Das mag sich ein bißchen esoterisch anhören. Erst klinge ich religiös und nun auch noch esoterisch. Doch diese Gedanken, diese Konzeptionen, diese Ideen sind es, die jetzt die Maschinerie unserer kollektiven menschlichen Erfahrung antreiben müssen, oder unsere kollektive menschliche Erfahrung wird nicht sehr viel länger kollektiv bleiben, sondern wird sich zersetzen und auseinanderfallen, so wie unser Planet auch.

Wir sind jetzt an diesem Punkt angelangt. Als die Flugzeuge früher den Ozean überquerten, gab es den »Punkt ohne Wiederkehr«. Zu weit, um umzukehren, und noch nicht weit genug, um sicher am Zielort zu landen. Sie wissen, es gibt da diese schmale rote Zone,

Rechtes Leben und Fülle

in der man weder hier noch dort, weder dort noch hier ist.

Es fühlt sich ganz so an, als befänden wir uns auf unserem Planeten jetzt in vielerlei Hinsicht auch in dieser Zone: hinsichtlich unserer Ökologie, hinsichtlich unserer globalen Ökonomie. Wir sehen, daß, was unsere sozialen Strukturen, unser spirituelles Verständnis, die Erziehung unserer Nachkommenschaft angeht, in vielen Gegenden der Welt das Ganze auseinanderbricht. In so vielerlei Hinsicht und in so vielen Bereichen scheinen wir uns in diesem Niemandsland, in dieser roten Zone zu befinden. Wir sind nicht hier und auch nicht dort, befinden uns aber jenseits des Punkts ohne Wiederkehr. Wir haben den Rubikon überschritten. Und nun stellt sich die Frage: Was tun wir, und wie kriegen wir den Rest von uns hinüber auf die andere Seite? Die Antwort auf diese Frage wird vom Menschengeschlecht, von Menschen wie Ihnen gegeben werden. Von Ihnen.

Und wenn Sie glauben, es geht dabei um Menschen wie mich, der ich hier zufällig an diesem speziellen Tag zu dieser Stunde vor Ihnen stehe und rede, dann irren Sie sich. Ich möchte Ihnen klarmachen, daß es nicht um die Menschen geht, die vorne im Raum stehen. Ich bin sozusagen nur aus reinem Zufall hier. Es könnten auch genausogut Sie sein. Tatsächlich möchte ich vorschlagen,

Wegweisungen für den Alltag

daß jetzt einer von Ihnen hier vorkommt und den Rest des Programms bestreitet. (Gelächter.) War nur so ein Gedanke.

Aber das ist der wirkliche Test. Das ist die wirkliche Frage. Wie viele von Ihnen würden, wenn sie die Gelegenheit bekämen, wenn sie vor die Herausforderung gestellt, wenn sie ausgewählt würden, sagen: »He, Neale, weißt du was? Ich bin bereit! Ich geh' aufs Podium, ich stell' mich nach vorne.« Denn das wahre Geheimnis des Lebens besteht darin, daß Sie ohnehin, ob Sie es nun wissen oder nicht, vorne stehen. Das ist der Punkt, den ich Ihnen klarzumachen versuchte. Sie stehen ohnehin vorne im Raum. Es sieht nur so aus, als täten Sie es nicht. Tatsächlich ist die Ironie des Lebens die, daß es gar keinen *anderen* Ort als den vorne im Raum gibt. Es gibt kein hinten im Raum. Sie können sich also nicht mehr verstecken.

Lassen Sie mich Ihnen ein paar Hintergrundinformationen darüber geben, wie alles anfing, und Ihnen erzählen, wie es dazu kam, daß ich nun hier vorne auf diesem Stuhl sitze. 1992 war ich am Ende. 1992 hatte ich einen Punkt erreicht, wo wieder einmal eine enge Beziehung mit einer für mich wichtigen Person zu Ende gegangen war. Beruflich steckte ich in einer Sackgasse. Gesundheitlich war ich am Zusammenbrechen. In mei-

Rechtes Leben und Fülle

nem Leben funktionierte nichts mehr. Und ich hatte gedacht, daß die Beziehung mit dieser Person diejenige war, die ewig währen würde. Doch da löste sie sich direkt vor meinen Augen auf, zerbröckelte unter meinen Händen.

Es war nicht das erste Mal, daß so eine Beziehung in die Brüche ging. Es war auch nicht das zweite oder dritte oder vierte Mal. (Gelächter.) Also begriff ich, daß es hier etwas gab, das ich nicht wußte, und daß dieses Wissen alles für mich verändern würde – ich wußte nur nicht, was es war. Was mein Beziehungsleben anging, so konnte ich dieses Geheimnis einfach nicht ergründen.

Und in meinem Berufsleben sah ich mich vor die gleichen Herausforderungen gestellt. Wissen Sie, ich hatte alle diese Bücher gelesen: *Tu das, was du gerne tust, und das Geld kommt herbeigeflossen.* Ich glaube das nicht – es sei denn natürlich, es passiert so. Aber ich schien nicht das richtige Rezept finden zu können. Entweder tat ich etwas, das ich gerne tat, war aber völlig pleite; oder ich verdiente genug Geld, aber meine Seele starb tausend Tode. Ich schien nicht zu wissen, wie man beides zusammenbringt. Jedenfalls nicht für lange. Wenn es mal gelang, dann für sechs bis acht Monate, und dann brach wieder alles zusammen.

Nicht anders erging es mir mit meiner Gesundheit:

Wegweisungen für den Alltag

Ich schien kein Jahr durchhalten zu können, ohne daß irgend etwas los war, und manchmal handelte es sich um ziemlich massive Geschichten. Ich meine, ich hatte Geschwüre und war erst sechsunddreißig. Ich hatte eine Menge solcher Dinge. Ich hatte chronische Herzprobleme und einen Haufen anderes Zeug. Und so fühlte ich mich mit fünfzig Jahren so, als wäre ich achtzig – ein nicht gerade sehr gesunder Achtzigjähriger dazu: Arthritis, Fibromyalgie, immer war irgend etwas los. Sie wissen, was ich damit sagen will? Ich konnte diesen Mechanismus nicht zum Funktionieren bringen. Und all das passierte zur gleichen Zeit.

Nun sehen Sie, gewöhnlich hat Gott das irgendwie besser geregelt. Normalerweise ging es um das eine oder andere in meinem Leben. Aber in dieser speziellen Phase bekam ich es aus Gründen, die mir immer noch nicht ganz klar sind, mit allem auf einmal zu tun. »Oh«, sagte Gott, »geben wir's ihm diesmal dreifach. Ziehen wir die alte Beruf-Beziehung-Körper-Nummer in der gleichen Woche ab. Und da stand ich nun. Es war so eine Art dreifacher Lutz, Sie wissen schon, eine Art metaphysischer dreifacher Lutz. Und ich lief über sehr dünnes Eis. Ich wußte nicht, was ich damit anfangen sollte. Ich war sehr, *sehr* wütend – ich drohte in eine chronische Depression zu verfallen.

Rechtes Leben und Fülle

Und eines Nachts schlug ich die Bettdecke zurück, weil ich voller Ärger und Zorn über mein Leben aufgewacht war. Ich stürmte aus dem Zimmer und suchte mitten in der Nacht nach Antworten. Ich ging dahin, wo ich um diese Zeit immer nach Antworten suche, doch im Kühlschrank fand sich nichts Brauchbares. Also ließ ich mich statt dessen auf der Couch im Wohnzimmer nieder. Und da saß ich also.

Versuchen Sie, sich das vorzustellen. Da sitze ich um vier Uhr morgens auf der Couch und schmore in meinem eigenen Saft. Dann rief ich Gott an. Ich dachte, na schön, ich könnte herumrennen und das Haus einreißen oder was auch immer. Doch ich saß da und rief: »Gott, was braucht es? Was ist nötig, um dieses Spiel zum Funktionieren zu bringen? Irgend jemand soll mir die Spielregeln erklären. Ich verspreche, ich werde sie einhalten. Gib mir einfach nur die Regeln an die Hand. Und wenn du sie mir gegeben hast, dann ändere sie nicht hinterher.« Und ich stellte auch noch eine ganze Menge anderer Fragen.

Und dann sah ich vor mir auf dem Couchtisch einen Notizblock und daneben einen Stift liegen. Ich nahm beides, knipste eine Lampe an und begann meinen ganzen Zorn aus mir herauszuschreiben. Das schien mir eine gefahrlose und ruhige Methode zu sein, morgens

23

Wegweisungen für den Alltag

um Viertel nach vier damit umzugehen. Ich weiß nicht, wie es Ihnen ergeht, wenn Sie wütend sind und schreiben, aber ich lege dann wirklich los. Ich schrieb also. *Was ist nötig?* Ich war wirklich sehr aufgebracht. *Damit das Leben funktioniert? Was habe ich getan, daß ich in meinem Leben ständig so kämpfen muß?* Ausrufezeichen, Ausrufezeichen, Ausrufezeichen.

Und in dieser Art machte ich ungefähr zwanzig Minuten lang immer weiter, schrieb mir meinen Zorn von der Seele und forderte das Universum auf, mir eine Antwort zu geben. Und dann beruhigte ich mich allmählich etwas und fühlte mich ein klein wenig besser. Ja, ich fühlte mich okay. He, das hat funktioniert, dachte ich. Den Tip muß ich ein paar Freunden von mir geben. Das funktioniert tatsächlich. Dann wollte ich den Stift auf den Tisch legen, aber der Stift wollte meine Hand nicht verlassen. Ich sah mir das an und dachte: »Ist das nicht interessant? Meine Hand ist vom Schreiben ganz verkrampft.« Man findet immer einen Grund für alles.

Ich führte den Stift wieder zum Papier aus Gründen, die mir jetzt nicht klar sind. Und mir kam ein Gedanke. Eine kleine Stimme ließ sich direkt über meiner rechten Schulter vernehmen. Ich nenne sie nun meine stimmlose Stimme. Als ich sie zum erstenmal hörte,

Rechtes Leben und Fülle

war es so, als ob mir jemand ins rechte Ohr flüsterte. Und mich überkam ein Gefühl von außerordentlicher Ruhe. Ich war, ich möchte sagen, befriedet – sehr im inneren Frieden und von einer unbeschreiblichen Freude erfüllt.

Wenn ich an Augenblicke in meinem Leben denke, in denen ich eine vergleichbare Freude verspürte... Da war der Augenblick, in dem ich Nancy heiratete. Ich meine nicht einmal die ganze Zeremonie, sondern den Moment, in dem die Geistliche schließlich fragte: »Willst du...« Und ich blickte ihr in die Augen, hielt für einen Moment inne und sagte dann: »Ich will.« Da war dieser winzige Augenblick, in dem dein ganzer Körper von etwas erfüllt ist, das du nicht beschreiben kannst, und dir wird klar, daß du eine enorm wichtige Entscheidung triffst, eine Wahl riesigen Ausmaßes, und du bist so glücklich darüber, daß du auch nicht mehr den allergeringsten Zweifel daran hast – dieser Augenblick völligen Glücklichseins... wirklicher Freude.

Ich denke, wir alle haben solche Augenblicke, vielleicht drei oder vier, möglicherweise auch fünf in unserem Leben, in denen wir von diesem Gefühl von »Richtigkeit« erfüllt sind, in denen wir spüren, das ist total richtig, das ist total von Freude erfüllt. So fühlte ich mich in dem Augenblick, als ich die stimmlose Stimme

Wegweisungen für den Alltag

zum erstenmal hörte. Nur ... Freude. Eine friedvolle, besänftigende Freude.

Die stimmlose Stimme sagte: »Neale, willst du wirklich Antworten auf alle diese Fragen haben, oder läßt du nur Dampf ab?« Und ich antwortete: »Na, du weißt, ich lasse Dampf ab, aber wenn du Antworten hast, dann will ich sie verdammt gerne wissen.« Und dann kamen die Antworten – in einer Flut. Es kam die Antwort auf jede Frage, die ich stellte. Und das so schnell, daß ich das Gefühl hatte, ich müßte sie aufschreiben, um sie nicht zu vergessen. Sehen Sie, ich hatte nie vor, ein Buch zu schreiben. Ich schrieb das Zeug einfach auf, weil ich nicht all das vergessen wollte, was mir da kam.

Ich schrieb also alles auf, so schnell meine Hand nur irgend konnte. Und als ich las, was ich da schrieb, kamen mir natürlich weitere Fragen. Denn es war erstaunliches Zeug, was da aus dem Stift floß. Ich fing also an, die Fragen aufzuschreiben, die durch die Antworten in mir hochkamen, und das führte zu weiteren Antworten. Ehe ich es mich versah, war ich in einen schriftlichen Dialog mit jemandem verwickelt, der, wie mir später kam, Gott sein mußte.

Das ist die Kurzfassung der Geschichte, wie es dazu kam, daß ich hier bin – und dazu, daß ich diesen zu Papier gebrachten Dialog an einen Verleger schickte.

Rechtes Leben und Fülle

Die Leute fragen mich oft: »Warum haben Sie das gemacht, wenn Sie gar nicht vorhatten, ein Buch zu schreiben?« Nun, Sie erinnern sich vielleicht, daß in Band 1 gesagt wird, daß daraus eines Tages ein Buch entstehen wird. Und ich dachte, na gut, ich werde Gott einfach auf die Probe stellen. Ja, ich habe die Gottheit tatsächlich auf die Probe gestellt. Denn als ich hinschrieb: »Dies wird eines Tages ein Buch werden«, war mein erster Gedanke: »Na klar, du schickst wie hundert andere Leute deine mitternächtlichen labyrinthischen Gedankengänge an einen Verleger, der sich dann sofort darauf stürzen und sagen wird: ›Mein Gott, *natürlich werden wir das sofort herausbringen!*‹ Und Millionen Menschen auf der ganzen Welt werden dieses Ding kaufen.«

Nur daß es in diesem Fall tatsächlich genauso passierte. Es wurde verlegt. Und Millionen von Menschen kauften es. Es wurde weltweit in siebenundzwanzig Sprachen übersetzt. Es ist wirklich eine erstaunliche Erfahrung, etwas, das du geschrieben hast, ins Japanische oder Griechische oder Hebräische übersetzt zu sehen und dir zu vergegenwärtigen, daß du tatsächlich die ganze Welt berührt hast.

Wegweisungen für den Alltag

Warum sitze ich also hier vorne? Ich will Ihnen sagen, warum ich mich dazu entschieden habe. Mir ist nun sehr klar, daß ich dazu aufgerufen wurde, ein Bote zu sein. Mir ist nun sehr klar, daß ich tatsächlich schon immer ein Bote war, und daß ich mir gar nicht erlauben kann, woanders als hier vorne zu sein. Denn ich habe all denen, deren Leben ich berühre, eine sehr wichtige Botschaft mitzuteilen. Und das ist die Botschaft: Ihr *alle* seid Boten, und es gibt keinen anderen Ort für euch als den vorne im Raum. Ihr alle habt all jenen, deren Leben ihr berührt, eine sehr wichtige Botschaft mitzuteilen. Und das ist die wichtige Botschaft, die ihr ihnen mitzuteilen habt: Sie alle, jede und jeder von ihnen, sind Boten. Und sie sind gekommen, um eine sehr wichtige Botschaft mitzuteilen. Es gibt keinen anderen Ort für sie als den vorne im Raum. Und hier ist die wichtige Botschaft, die sie mitzuteilen haben: Jedermann ist ein Bote.

Es war eine dunkle und stürmische Nacht, und eine Gruppe von Banditen saß um ein Lagerfeuer. Einer der Banditen sagte: »Chef, erzähl uns eine Geschichte.« Und der Anführer sagte: »Es war eine dunkle und stürmische Nacht, und eine Gruppe von Banditen saß um ein Lagerfeuer. Einer der Banditen sagte: ›Chef, erzähl uns eine Geschichte.‹ Und dieser sagte: ›Es war eine dunkle und stürmische Nacht…‹«

Rechtes Leben und Fülle

Sie sehen also, es ist ein Kreis. Die ewige Geschichte des Lebens ist immer dieselbe Geschichte. Die gloriose Botschaft, die ich mitzuteilen habe, ist immer die gleiche Botschaft, nämlich die, daß ihr gekommen seid, um eine Botschaft mitzuteilen. Und die Botschaft, die ihr mitteilt, ist die, daß sie gekommen sind, um eine Botschaft mitzuteilen. Und hier ist die Botschaft, die wir uns alle gegenseitig mitteilen sollen: »Hallo, *wach auf!* Weißt du, wer du wirklich bist? *Wach auf.* Verstehst du?«

Hier ist die Botschaft, die mitzuteilen wir gekommen sind: Du und ich sind eins. Es gibt nur einen von uns im Raum. Wenn du glaubst, daß wir voneinander getrennt sind, dann vergiß es. Wir sind nicht voneinander getrennt. Es gibt nur einen von uns im Raum. Und es gibt keine Unterschiede zwischen uns. Wenn du denkst, es gibt einen Unterschied zwischen uns, dann vergiß es. Weil es keinen Unterschied zwischen uns gibt. Und hör auf mit dem Versuch, einen künstlichen Unterschied herzustellen, wo es gar keinen gibt. Du und ich sind eins. Es gibt nur einen von uns im Raum, nur einen von uns auf dem Planeten, nur einen von uns in der gesamten Schöpfung. Alles, was dir Schmerz und Leid, Qualen und Kämpfe, Herzschmerzen und Schwierigkeiten bereitet, wird verschwinden. Es wird sich ganz einfach verflüchtigen.

Wegweisungen für den Alltag

Also hör auf zu denken, daß du dort drüben bist und ich hier bin. Es gibt keinen Ort, wo »du« aufhörst und »ich« anfange – eine so einfache und elegante Botschaft, die alles verändert. Wann werden wir sie begreifen? *Wann werden wir sie begreifen?* Wir begreifen sie, wenn wir sie aussenden. Habt ihr das gehört? Wir begreifen die Botschaft, wenn wir sie *senden*.

Da sind wir also heute hier zusammen. Ich kam in den Raum und dachte: »Was zum Teufel mach' ich hier? Sehen Sie, wenn ich nicht aufpasse, mag es schnell so aussehen, als hätte ich Ihnen etwas zu sagen, das Sie noch nicht wüßten. Da muß ich wirklich aufpassen. Und wenn wir nicht aufpassen, könnte es für *Sie* so aussehen, als müßten Sie etwas hören, das Sie noch nicht wissen, das Sie noch nie zuvor gehört haben. Wenn wir nicht aufpassen, vergessen wir möglicherweise, wer wir wirklich sind, und spielen ein Spiel, das da heißt: »Ich weiß etwas, was du nicht weißt.« Nur daß ich nicht willens bin, jetzt oder jemals dieses Spiel zu spielen. Mir ist überaus klar, daß ich nichts zu sagen habe, was Sie nicht bereits wüßten. Also vielen Dank, daß Sie gekommen sind, und leben Sie wohl.

Sehen Sie, seit ich hier reingekommen bin, habe ich schon versucht, irgendeinen Weg zu finden, wie ich hier wieder rauskomme. Jetzt hab' ich ihn gefunden. Na

Rechtes Leben und Fülle

schön, wir wollen hier ja ein bißchen über eines unserer wichtigsten Themen, nämlich Fülle und die richtige Lebensweise, sprechen… hier hat jemand die Hand gehoben, und ich habe das schon eine Viertelstunde lang ignoriert.

Als Sie davon sprachen, daß Sie diese Stimme gehört haben, über Ihre linke Schulter hinweg…

Tatsächlich war es die rechte Schulter, aber wen interessiert das…

Als Sie dann schrieben, Fragen stellten, eine Antwort bekamen, Bücher schrieben, war da mit dieser Stimme oder diesem Impuls zu schreiben ein spezielles Gefühl verbunden? Ein noch etwas anderes Gefühl als jenes, wenn wir zuweilen eine Stimme hören oder uns zum Schreiben gedrängt fühlen? War da noch etwas anderes, eine Präsenz, eine gefühlsmäßige Wahrnehmung oder… Können Sie uns beschreiben, wie sich das anfühlte?

Es war eine Weichheit. Es fühlte sich so an, als ob sich mein ganzer Körper in Pudding verwandelt hätte. Ich kann es kaum beschreiben. Es war, als ob jegliche Angst oder Spannung oder, ich möchte sagen, »Negativität« aus meinem Körper gewichen war, als ich auf dieser Couch saß. Ich kann dieses Gefühl, fast ohne Willensanstrengung, in mir zurückrufen – kann hier alle Anspannung loslassen. Es ist einfach passiert. Und dann plötzlich kam aus dieser Weichheit heraus... es ist schwer, darüber zu sprechen. Ich tauche fast sofort wieder darin ein.

Es fühlt sich so an, als senkte sich ein Friede auf Sie herab?

Es ist Friede und das Gefühl von unbegreiflicher Freude und von Einssein – eine Freude, die mich fast in Tränen ausbrechen läßt. Die Art von tiefer, tiefer Freude. Und vom ersten Augenblick an, als ich da so saß, begannen die Tränen zu fließen. Ich kann mich daran erinnern, daß ich noch nicht mehr als zehn Worte geschrieben hatte, als die Tinte auf dem Papier verwischte. Ich benutzte einen dieser Filzschreiber – und die Tinte zerfloß, während mir die Tränen über das Gesicht liefen.

Jetzt habe ich mich an diese Erfahrung gewöhnt. Jetzt ist mir bewußt, was passieren wird. Ich weiß, wie es sich anfühlt. War jemand von Ihnen einmal bei der Geburt eines Babys dabei? Und haben Sie es in diesen ersten drei

Rechtes Leben und Fülle

oder fünf Minuten seines Lebens in den Armen gehalten? Wenn Sie jemals diese Erfahrung gemacht haben – so fühlte es sich an. So fühlte es sich an, als ich mein Kind in den ersten paar Augenblicken seines Lebens in den Armen hielt und in sein Gesicht blickte. Und es gab kein anderes Gefühl außer diesem Einssein, dieser völligen Verbundenheit, dieser Liebe, die keine Grenzen und auch keine Bedingungen kennt... Das kann man nicht in Worte fassen, aber so fühlte es sich an – wie wenn Sie ein neugeborenes Baby in den Armen halten. Und ich wußte in diesem Moment, daß ich tatsächlich ein neugeborenes Kind in den Armen hielt. Ich wußte, daß ich ein neues Ich geboren hatte.

Das habe ich noch nie zuvor gesagt. Dieses Bild kommt mir als Antwort auf Ihre Frage. Sie wissen es, wenn Sie eine Wiedergeburt erleben. Das muß Ihnen niemand sagen. Sie wissen es. Und Sie kommen aus diesem Augenblick hervor und fühlen sich nie wieder als derselbe – haben nie wieder dasselbe Gefühl in bezug auf sich selbst oder andere.

Alle Barrieren zwischen Ihnen und anderen Personen brechen nieder. Alles Gefühl von Getrenntsein verschwindet. Und dann werden Sie zu einer sehr gefährlichen Person. Denn Sie wollen auf die Menschen zugehen und sie umarmen. Sie wollen einfach hingehen und

Wegweisungen für den Alltag

sagen: »Ich liebe Sie so sehr.« (Gelächter.) Und dann können Sie nur hoffen, daß Sie nicht verhaftet werden, vor allem, wenn Sie das, Gott bewahre, mit einem anderen Mann anstellen... Denn die Gesellschaft sagt, daß sich so etwas nicht gehört. Wenn Sie ein Mann sind, dann passen Sie auf... diese Sache mit der Gleichgeschlechtlichkeit. Sie wissen schon, wir haben alle diese...

Entschuldigen Sie, ich muß über mein eigenes Gerede weinen. (Gelächter.)

Seit Anbeginn der Zeit wollten wir alle nichts weiter als lieben und geliebt werden. Und seit Anbeginn der Zeit haben wir nichts weiter getan als moralische Schranken, religiöse Tabus, ethische Prinzipien, Familientraditionen, philosophische Gedankengebäude und alle Arten von Regeln aufzustellen, die uns sagen, wer, wann, wo und wie man lieben darf; und wer, wann, wo und wie nicht. Leider ist die zweite Liste länger als die erste.

Was machen wir? *Was machen wir da?* Wenn ich zu diesem Typ ginge und sagte: »Die Schönheit in mir sieht die Schönheit in dir.« Was wäre so falsch daran? Oder warum sollte es nicht okay sein, wenn ich auf einen Fremden zuginge und sagte: »Ich sehe, wer du bist.«

Leute, ich verstehe nicht, wie es zu unserem Ent-

Rechtes Leben und Fülle

schluß kam, solche Konstruktionen aufzubauen. Aber ich muß euch sagen: Wenn wir diese Konstruktion nicht verändern, werden wir nie wahrhaft erfahren, wer wir wirklich sind. Es ist also an der Zeit, daß wir die Dinge umgestalten und neu erschaffen. Ja, es ist an der Zeit, daß wir uns selbst neu erschaffen – in der nächstgrößten Version der großartigsten Vision, die wir je darüber hatten, wer wir sind.

Junge, Junge, Junge… Bringt mich nicht in Fahrt. Stellt mich nach vorne in einen Raum voller Menschen, so wie hier, und ich sehe potentielle neue Armeemitglieder. Was kann ich tun, um sie zu rekrutieren? Wie kann ich sie zum Mitspielen bewegen? Hatten Sie je dieses Gefühl, wenn Sie zum Spielplatz gingen? Ich ging immer über einen Hügel zum Spielplatz in unserem Viertel. Da gab es acht Häuserblocks von unserem Haus entfernt einen großen Spielplatz. Und wenn ich mich ihm näherte, wurde ich ganz aufgeregt: »Ich frage mich, wer da ist.« Wenn ich dann ankam, sah ich ein paar Kinder dort spielen. Manche von ihnen kannte ich, andere nicht. Sie stammten aus einem anderen Viertel. Ich kann mich noch daran erinnern, daß ich immer dachte: »Wie kann ich sie dazu bringen, daß sie mit mir spielen?« Hatten Sie je dieses Gefühl, wenn Sie zu einem Spielplatz kamen?

Wegweisungen für den Alltag

Dann betrittst du den Spielplatz, und manche Kinder sagen: »Hallo Neale. Ich spiel' mit dir.« Andere Kinder dagegen: »Ach, da ist wieder dieses Großmaul Walschie.« Und du wirst abgelehnt. Wurde je einer von Ihnen auf dem Spielplatz abgelehnt? Keiner? Keiner von Ihnen? So fühlt es sich an, wenn ich einen Raum wie diesen betrete. »O Junge, ich frage mich, ob sie mit mir spielen. Würde es nicht Spaß machen, wenn sie es täten?«

Spielen wir also ein bißchen mit diesem Material herum. Schauen wir uns ein paar von den Dingen an, die mir in diesem außergewöhnlichen Dialog, in den ich mich verwickelt fand, gesagt wurden. Reden wir über die Fülle.

Fülle ist ein Thema, für das ich mich, wie viele andere Leute auch, jahrelang sehr stark interessiert habe. Als ich mich tiefergehend damit zu befassen begann und anfing, meine Informationen von einer höheren Autorität zu bekommen, begriff ich als erstes, daß ich das, was Fülle wirklich ist, falsch definiert hatte. Ich dachte, daß Fülle Sachen bedeutet, daß es damit zu tun hat, wieviel Zeug ich habe.

Ich hasse es, hier die Dinge zu vereinfachen. Ich hasse es, Ihnen etwas so Offensichtliches zu sagen, denn ich weiß, daß Sie es bereits wissen. Aber die von Ihnen, die

Rechtes Leben und Fülle

vergessen haben, daß sie es wissen, möchte ich an das erinnern, woran ich in meinem Dialog erinnert wurde: Echte Fülle hat gar nichts zu tun mit dem, was ich habe, und hat alles mit dem zu tun, was ich bin. Und wenn ich meine Fülle des Seins in aller Fülle mit jenen teile, deren Leben ich berühre, dann kommt mir alles, was zu haben ich bestrebt war, automatisch zu, ohne daß ich mich darum bemühen muß.

All das Zeug, das ich für Fülle hielt, Sie wissen schon, all das schöne Kristall und die wundervollen Antiquitäten und die elegante Kleidung, all das fiel irgendwie an seinen Platz, ohne daß ich darum kämpfen mußte. Ich strebte also nach dem, was ich für Fülle hielt, und es war einfach nur Zeug. Und das, was ich bereits in großer Fülle *hatte*, ignorierte ich praktisch.

Ich kann mich erinnern, daß ich vor wenigen Wochen in einem Raum voller Menschen saß, ein bißchen größer als dieser hier. Ich leitete ein Retreat in den wunderschönen Bergen von Colorado, in Estes Park. Und eine der anwesenden Personen, ein Mann, sagte zu mir: »Ich wollte, ich könnte die Erfahrung von Fülle machen.« Das war sein Anliegen. Und er sagte weiter: »Wissen Sie, ich verdiene nicht sehr viel Geld. Ich habe kaum genug, um so durchzukommmen. Ich mußte wirklich die letzten Cents zusammenkratzen, um hier-

Wegweisungen für den Alltag

herzukommen.« Und so weiter. Und dann: »Mein ganzes Leben lang wollte ich die Art von Fülle erleben, die ich Sie – und er deutete auf mich – erleben sehe.« Ich erwiderte: »Nun, warum verbringen Sie nicht, wenn Sie wirklich die Erfahrung von Fülle machen wollen, Ihre Mittagspause damit, reichlich von dem zu geben, was Sie haben.« Er blickte mich ziemlich verblüfft an und sagte: »Ich habe nichts zu geben.«

Er dachte wirklich – er erfand das nicht – er dachte wirklich, er hätte nichts zu geben. Also sah ich ihn an und mußte anfangen, ganz offensichtliche Dinge zur Sprache zu bringen. »Haben Sie Liebe zu geben?« fragte ich.

»Oh«, machte er und war sich in diesem Punkt nicht ganz sicher. Aber er mußte wohl einräumen, daß er vielleicht doch einen Krümel Liebe in sich hatte, den er geben konnnte. »Ja, ja«, sagte er schließlich, »ich nehme an, ich habe etwas Liebe zu geben.«

»Haben Sie Mitgefühl?« fragte ich weiter. »Finden Sie in sich auf irgendeiner Ebene Mitgefühl?«

»Ja, ich denke, ich habe ein bißchen Mitgefühl. Einige haben mich schon als mitfühlenden Menschen bezeichnet.«

Es fiel ihm übrigens schwer, das auszusprechen. Es kam ihn hart an, die Worte »Mitgefühl« und »ich« in

38

Rechtes Leben und Fülle

einem Satz zu gebrauchen. Aber er räumte ein, daß er vielleicht auch davon etwas zu geben hatte.

Hatte er Humor?

»Oh, ja«, erwiderte er. »Ich habe genug Witze auf Lager, daß es für ein ganzes Leben reicht.«

»Großartig«, sagte ich.

Wir stellten eine Liste mit den Dingen auf, die er in Fülle hatte. Aber natürlich dachte er, diese hätten nichts mit der Art von Fülle zu tun, die er meinte. »Okay«, sagte ich. »Lassen Sie uns darin einig sein, daß wir uns in unserer Definition von Fülle nicht einig sind. Und lassen Sie uns darin einig sein, daß Sie *dieses Ding* in Fülle haben.« Damit war er einverstanden.

»Schön«, sagte ich. »Und nun möchte ich, daß Sie folgendes tun. Ich möchte, daß Sie in der Mittagspause von den Dingen geben, die Sie, wie Sie zugeben, in Fülle haben. Geben Sie sie reichlich. Geben Sie jedem, dessen Leben Sie in den nächsten neunzig Minuten berühren, mehr, als Sie je zuvor gegeben haben. Das ist die Herausforderung, vor die ich Sie stelle.« Und er nahm die Herausforderung an.

Also zog er los in die Mittagspause, die wenige Minuten später begann, und fing an, an alle in diesem YMCA-Camp, in dem das Retreat stattfand, das zu verströmen, was er in Fülle hatte. Und da war nicht nur unsere

39

Wegweisungen für den Alltag

Gruppe, sondern es hatten sich auch andere Gruppen aus anderen Orten dort eingemietet. Insgesamt waren es wohl sechshundert Leute, zweihundert befanden sich in unserem Retreat, vierhundert nahmen an anderen Veranstaltungen teil. Es waren also eine Menge fremde Menschen da, die diesen Typen gar nicht kannten oder wußten, was er vorhatte. Er ging in die Cafeteria. Das war schon eine ziemliche Herausforderung für ihn. Zwar wußte seine Gruppe, daß er sich nun verrückt aufführen würde, doch alle anderen wußten es nicht.

Sehen Sie, wenn Sie von sich reichlich geben, nennt die halbe Welt das Verrücktheit. Die Leute sagen, du hast eine Schraube locker, irgend etwas stimmt mit dir nicht. So führt man sich nicht auf. Und das ist natürlich das Problem. Also er ging auf die Leute in der Cafeteria zu und teilte mit ihnen reichlich das, was er in Fülle hatte. Er teilte seine Liebe, seine Fröhlichkeit und seinen Humor. Er erzählte überall Witze. Manche Leute lachten: »Ha, ha, ha, ha, das ist wirklich komisch.« Und andere lachten: »Ha, ha ... wer ist dieser Kerl?« Aber keiner konnte umhin, nicht wenigstens ein bißchen zu lachen. Selbst jene, die seine Witze nicht komisch fanden, mußten über diesen wunderbaren Kerl, der da plötzlich in der Cafeteria aufgetaucht war, zumindest etwas grinsen.

Rechtes Leben und Fülle

Er ging herum und sagte wunderbare Dinge zu den Leuten. Eine Person war in einer ziemlich schlechten Verfassung, und das war seine Gelegenheit, Mitgefühl zu bezeugen. Er tat es, indem er aufhörte, einen seiner schlechten Witze zu erzählen. Er setzte sich neben diese Person. »Ich kenne Sie nicht«, sagte er, »aber ich gehöre zu dieser Gruppe, die dort in dem anderen Gebäude ein Retreat macht. Ist alles in Ordnung?« Und unversehens war er in ein Gespräch über Gott verwickelt und konnte diesen Teil von sich selbst zum Ausdruck bringen.

Neunzig Minuten später kam dieser Typ von der Mittagspause zurück und fühlte sich riesig. »Ich kann Ihnen gar nicht sagen, wie ich mich fühle«, sagte er. »Haben Sie nun das Gefühl von Fülle?« fragte ich. »Ja«, erwiderte er. »Ich fühle mich unermeßlich reich. Reich an all diesen großartigen Aspekten von mir, denen ich im Grunde nie erlaubte, sich zum Ausdruck zu bringen. Das habe ich mir nie gestattet.«

Aber das wirklich Lustige an der Sache war, daß die Gruppe ihm einen »Streich« spielte. Während er in der Mittagspause war, holte jemand einen Hut, und alle im Raum taten Geld hinein. Als er zurückkam, war da also eine Menge Geld im Hut. Die Teilnehmer wollten ihm nämlich beweisen, daß das, was man gibt, auch wieder zu einem zurückkommt. Es war einfach diese unglaub-

41

Wegweisungen für den Alltag

liche, aus dem Augenblick geborene Erfahrung von der Wahrheit. Haben Sie jemals eine dieser spontanen Erfahrungen von Wahrheit gemacht? »Boing!« und Sie schlagen sich an die Stirn. Denn es ist so offensichtlich und kommt so deutlich zum Ausdruck.

Nachdem er sich also auf seinem Stuhl niedergelassen und allen über seine Erfahrungen berichtet hatte, überreichten sie ihm seinen Haufen Geld. Er saß nur da… und die Tränen begannen zu fließen. In dem Moment hat er unmittelbar erfahren, was in alle Ewigkeit so ist: Das, was du einem anderen gibst, gibst du dir selbst. Du kannst es in der einen Form geben und bekommst es in einer anderen zurück. Aber es kommt unweigerlich zu dir zurück, weil da nur einer von uns im Raum ist. Das Leben dieses Mannes veränderte sich aus seinem neuen Bewußtsein heraus. Er hatte begriffen, was Fülle wirklich ist.

Auch Menschen, die auf der Straße leben, können ein Bewußtsein von Fülle entwickeln. Das können sie als erstes dadurch tun, daß sie anderen das zukommen lassen, was sie selbst gerne erleben würden. Denn auch wenn du sehr wenig hast, kannst du immer jemanden finden, der noch weniger hat.

Das erinnert mich an die Geschichte von einem Mann namens Joe, der in San Francisco buchstäblich auf

42

Rechtes Leben und Fülle

der Straße lebte. Und er, der so wenig hatte, machte es sich jeden Tag zur Aufgabe, jemanden zu finden, der noch weniger hatte. Wenn es ihm gelang, ein paar Dollar auf der Straße zu erbetteln, gab er mehr als die Hälfte davon einem, der noch weniger hatte. Er war ein sehr reicher Mensch; er war als der König der Straßen bekannt, weil er für alle anderen auf der Straße die Quelle der Fülle war.

Die Menschen, die auf der Straße leben, können anfangen, Fülle zu erfahren, wenn sie willens sind, einen anderen, dessen Leben sie berühren, in diesem Moment Fülle erfahren zu lassen. Das scheint leichter gesagt als getan – ich meine, während ich das sage, sitze ich hier im Schoß des Luxus. Und ich will nicht hohl klingen und auch nicht überheblich. Aber ich habe auf der Straße gelebt. Ich habe fast ein ganzes Jahr meines Lebens auf der Straße gelebt. Und ich erinnere mich daran, was mich da herausgeholt hat.

Zur Fülle möchte ich Ihnen also als erstes sagen: Werden Sie sich bewußt, was Fülle ist. Und wenn Sie sich dazu entscheiden, all jenen, deren Leben Sie berühren, reichlich von dem großartigsten Teil dessen, was Sie sind, zu geben, wenn Sie sich dazu entscheiden, dann wird sich Ihr Leben binnen neunzig Tagen verändern. Vielleicht auch in neunzig Minuten. Passen Sie auf.

Wegweisungen für den Alltag

Denn die Leute werden plötzlich begreifen, wer Sie sind.

Lassen Sie mich den Unterschied zwischen Rechtsanwalt A und Rechtsanwalt B erklären. Da haben wir also zwei Rechtsanwälte, die ihr Büro in der gleichen Stadt und auch im selben Häuserblock haben. Sie machten ihren Abschluß an derselben Universität, und beide waren sie unter den Besten. Sie sind also beide gut qualifiziert. Keiner hat einen Ortsvorteil, denn sie arbeiten ja im selben Block in derselben Stadt. Doch Rechtsanwalt A geht es beruflich unglaublich gut, während es Rechtsanwalt B, nur ein paar Meter daneben, weniger gutgeht. Woran liegt das? Was ist hier los? Woher kommt es, daß die eine Person das ist, was wir erfolgreich nennen, die andere aber nicht, obwohl sie sich in allen anderen Dingen ebenbürtig sind?

Es geht also nicht darum, daß der eine schon in den Reichtum oder in dieses oder jenes hineingeboren wurde oder diesen oder jenen Vorteil hatte. Wir sprechen hier, um der Diskussion willen, von zwei Menschen, die in allen anderen Dingen gleichrangig sind. Was geschieht hier? Ganz einfach: Rechtsanwalt A ist sehr klar: Installateur A ist sehr klar. Doktor A ist sehr klar. Es geht nicht darum, was sie tun. Damit hat es nichts zu tun.

44

Rechtes Leben und Fülle

Passen Sie also auf, daß Sie sich nicht in der Vorstellung verfangen, daß Ihre Fülle (oder das, was Sie vielleicht Ihren Erfolg im Leben nennen) aus dem hervorgeht, was Sie *tun*. So ist es nicht. Und wenn Sie das nicht schon gelernt haben, wird das Leben es Sie lehren. Denn dann werden Sie all diese Dinge machen, werden dies und das tun und das und dies tun – und landen schließlich nur bei einem großen Haufen Tun und Machen. Dann werden Sie sich fragen: »Wie ich bin zu diesem Haufen von Tun und Machen gekommen? Ich habe doch all die richtigen Dinge getan.« Spätestens jetzt wird es Ihnen dämmern: »Oh, ich kapiere. Es hat nichts mit dem zu tun, was ich tue. Das ist es nicht. So werden mir all die guten Dinge nicht zufließen, von denen ich dachte, daß sie mir zukommen werden.«

Vielleicht sehen Sie einen anderen Menschen auf der Straße, der anscheinend nichts tut. Aber die Fülle strömt auf ihn herab. Er kann sie gar nicht schnell genug wegschaufeln. »Das ist nicht fair«, denken Sie: »Wie kommt er dazu, all das zu haben? Er tut gar nichts.«

Und genau darin liegt natürlich das Geheimnis. Er tut verdammt gar nichts. Ich meine, und ich wähle hier meine Worte sehr sorgfältig, er tut verdammt gar nichts. Wir haben unser Leben damit verbracht, herumzuren-

Wegweisungen für den Alltag

nen und all diese verdammten Dinge zu tun. Doch er *ist* etwas. Wenn er einen Raum betritt, *ist* er etwas Außergewöhnliches. Er ist Liebe, Mitgefühl, Weisheit, Humor, Sinnlichkeit. Er ist Freude. *Und er ist eins.* Er ist eins – und das ist die höchste Ebene des Seins.

Sie wissen, was ich meine? Sie gehen zu einem Arzt, zu einem Rechtsanwalt, Installateur, Zahnarzt, Postbeamten – es spielt keine Rolle – Sie gehen zu dieser Person, blicken ihr in die Augen und sagen sich: »Sie begreift mich. Sie sieht mich. Es ist in gewissem Sinne ...«, obwohl Sie es vielleicht nicht so formulieren würden, »so, als ob sie eins mit mir wäre.« Dann gehen Sie davon und denken: »Was für eine nette Person. Was für ein netter Typ. War sie nicht hinreißend ...?« Und ich gehe immer wieder zu ihr hin.

Sie wissen, wovon ich spreche? Kennen Sie das? Wenn ich zum Supermarkt gehe, versuche ich immer, mich an ihrer Kasse anzustellen. Weil sie – mir einfach etwas gibt. Da ist nichts im Busch, da ist nur etwas, das in mir den Wunsch erweckt, mich bei dieser Person anzustellen. Weil bei ihr eben dieses gewisse Etwas, etwas Besonderes passiert.

Einmal schrieb ich schließlich einen Brief an den Postbeamten. Ich weiß nicht, was es mit diesem Typen am ersten Schalter auf sich hat, es geht eine Art Magie

Rechtes Leben und Fülle

von ihm aus. Er magnetisiert einfach alle und zieht sie an seinen Schalter.

Ich fragte ihn, ob er sich reich fühlt. Ich weiß, daß er sich reich fühlt. Und das hat nichts mit seinem Gehalt zu tun. Verstehen Sie? Das macht den Unterschied aus. Das ist der Unterschied zwischen Rechtsanwalt A und Rechtsanwalt B, Installateur A und Installateur B, Person A und Person B da auf dem Gehsteig. Und Sie müssen sich entscheiden, ob Sie eine B-Person oder eine A-Person sein wollen. Wenn Sie sich für die A-Person entscheiden und reichlich von all der Magie geben, die Sie in sich haben, wird die Magie außerhalb von Ihnen von Ihnen angezogen und so sehr Teil von Ihnen werden, wie Sie es zulassen. Kapiert? Wir werden nachher noch darüber sprechen, wie das funktioniert.

Wenn wir also nach der rechten Lebensweise und dem angemessenen Lebensunterhalt suchen, müssen wir unbedingt damit aufhören, uns nach etwas umzusehen, das wir *tun* können, und statt dessen anfangen, uns nach etwas umzusehen, das wir *sein* können. Wir müssen uns mit dem Teil in uns verbinden, der weiß, wer wir wirklich sind. Und wir müssen sehen, was es braucht, um dies in Form des *Seins* hervorzubringen.

Blicken Sie also nach innen. Was ist es, das ich bin, wenn ich mich absolut erfüllt fühle und mich ganz und

Wegweisungen für den Alltag

gar zum Ausdruck bringe? Was bin ich, wenn das passiert? Vielleicht bin ich eine Heilerin, vielleicht bin ich sinnlich, vielleicht bin ich kreativ. Oder da ist eine Ebene oder ein Seinszustand, wo Ihnen mit ein oder zwei Worten die Essenz dessen beschrieben wird, wer Sie sind, welcher Teil von Ihnen sich wirklich kraft- und machtvoll darbietet. Auf diese Weise finden wir zu unserem rechten und angemessenen Tun. Es geschieht, wenn das Tun dem Sein entströmt, und nicht, wenn wir das Tun benutzen, um zum Sein zu *gelangen*.

Ich werde das alles später eingehender erläutern, doch zuvor möchte ich noch auf ein paar andere Punkte zu sprechen kommen, die meiner Beobachtung nach die Menschen von der Erfahrung der Fülle abhalten. Dinge, die mich selbst daran gehindert haben, Fülle zu erleben. Ich werde nun von der Fülle in bezug auf Geld und materielle Dinge sprechen, denn es ist ganz in Ordnung, auch das Fülle zu nennen.

Sehen Sie, ich möchte nicht den Eindruck erwecken, als behauptete ich, dies sei keine Fülle. Als würde Fülle einzig nur das beinhalten, wovon wir vorhin gesprochen haben. Es ist durchaus in Ordnung, wenn wir auch dieses materielle Zeug (das Geld, die Klamotten, die wundervollen Kristallgläser, die Antiquitäten, die schönen materiellen Dinge des Lebens) als Fülle bezeichnen. Wir

Rechtes Leben und Fülle

wollen diese Dinge nicht aus dem Bereich, den wir Fülle nennen, ausschließen. Das war nämlich auch so etwas, das ich getan habe. Ich meine, ich bezeichnete dies in gewissem Sinn schon als Fülle, aber ich mochte es nicht. Lassen Sie mich das erklären.

Viele Menschen denken, daß Geld *per se* etwas Schlechtes ist. Ich weiß nicht, ob Sie auch so denken. Manche Leute hängen unbewußt dieser Überzeugung an. Das heißt, wenn Sie sie fragen würden: »Ist Geld Ihrer Erfahrung nach etwas Schlechtes? Denken Sie, daß Geld etwas Schlechtes ist?« würden sie erwidern: »Nein, Geld ist gut.« Sie verhalten sich aber so, als sei es etwas Schlechtes.

Ich will Ihnen ein Beispiel geben. Ich kannte eine Frau, die nie zugeben würde, daß sie davon überzeugt ist, daß Geld etwas Schlechtes ist. Tatsächlich meint sie, daß sie Geld für eine gute Sache hält. Doch wenn sie Ihnen einen Gefallen tut, sagen wir, zwei Stunden darauf verwendet, Sie zum Flughafen zu fahren oder so etwas, und wenn Sie dann zu ihr sagen. »Laß mich dir etwas Geld für das Benzin geben«, dann ist ihre Antwort: »Oh, nein, nein, nein. Das kann ich nicht annehmen. Auf keinen Fall.«

Sie haben es sicher auch schon erlebt, daß Ihnen eine Person einen Gefallen getan hat und dann, wenn Sie ihr

49

Wegweisungen für den Alltag

ein bißchen Geld für ihre Mühe und Kosten anbieten, es nicht annehmen will? Worum geht es hier Ihrer Meinung nach? Sie nimmt freudig Ihren Dank an, aber Geld nimmt sie nicht. Weil Geld im Austausch für eine gute Sache, die sie für Sie getan hat, diese auf irgendeiner Ebene besudelt. Das Geld bringt sie auf eine Ebene herunter, die sich irgendwie schmierig anfühlt.

Übrigens fühlt sich diese Ebene für mich nie schmierig an. Lassen Sie es mich also wissen, wenn mir jemand Geld dafür geben will, daß ich etwas Neues tue. Ich nehme alles Geld hier im Raum an. Das zu sagen ist manchmal schwer, denn die Leute neigen dazu zu denken: »Oh, Neale ist ein wirklich spiritueller Typ. Solche Dinge sollte er nicht sagen.« Aber ich sage diese Dinge.

Ich kannte einmal einen Mann namens Reverend Ike, der zu sagen pflegte: »Ich *liebe* Geld, und das Geld liebt *mich*.« Und das ist eine großartige Botschaft: Ich liebe Geld, und das Geld liebt mich. Ich sage nicht, daß Gott alles ist, mit Ausnahme von Geld. Ich sage vielmehr, daß Gott alles ist, *Geld eingeschlossen*; daß Geld nur eine weitere Form der Energie ist, die wir Gott nennen.

Ich weiß nicht, ob Sie in letzter Zeit Zeitung gelesen haben, aber neulich war da in einer der großen überregionalen Zeitungen ein langer Artikel über die Volksrepublik China. Dort findet ein unglaublicher Bewußt-

Rechtes Leben und Fülle

seinswandel statt, und den Menchen wird jetzt gesagt, wie tugendhaft und glorreich es ist, Geld zu verdienen und zu haben. Können Sie sich das vorstellen? Das in der Volksrepublik China, übrigens eine der siebenundzwanzig Nationen, in denen man die *Gespräche mit Gott* übersetzt hat. Wir haben vor ein paar Monaten entdeckt, daß ausgerechnet für dieses Land die Übersetzungsrechte erworben wurden.

Sie sehen, die Welt verwandelt sich allerorten. Und wenn schon die Bauern in China anfangen, sich über die Herrlichkeit des Geldes klarzuwerden, und darüber, daß es okay ist, es zu haben – meinen Sie nicht, daß dann auch wir so denken sollten? Wir müssen uns von dem Gedanken trennen, daß Geld irgendwie etwas Schlechtes ist.

Wir sprechen vom schmutzigen Profit und vom unanständigen Reichtum. Wir verwenden Ausdrücke, die unsere Gedanken verraten, oder zumindest die kollektive Meinung der Gesellschaft wiedergeben. Ich kann Ihnen sagen, daß diese Vorstellung in der Gesellschaft noch tief verwurzelt ist. Eine der Fragen, die mir am häufigsten gestellt wird, lautet: »Was für ein Gefühl haben Sie, wenn Sie im Land herumreisen und über Spiritualität reden und damit soviel Geld verdienen?« So als ob ich etwas Schlimmes täte. Als ob die Öffentlich

Wegweisungen für den Alltag

keit irgendwie vor mir gewarnt werden müßte. »Schaut... seht nur, wieviel Geld er damit verdient.«

Und häufig bekomme ich auch Briefe mit der Frage: »Warum geben Sie nicht, wenn Sie wirklich spirituell sind, alle Ihre Honorare den Armen? Oder warum stellen Sie Ihr Buch nicht einfach ins Internet, so daß die Leute gratis Zugang dazu haben?« Wir tun das nicht, weil der Verleger sonst zumachen müßte, und das Buch somit gar nicht erst herauskommen könnte.

Sehen Sie, jemand muß diesen ersten Schritt tun, den man in irgendeiner Form »ein Buch veröffentlichen« nennt. Etwas ins Internet zu stellen, kostet auch Geld. Ich weiß das, denn ich kenne ein paar Leute, die Dinge ins Internet stellen, und sie verlangen eine Menge Geld dafür. Und weil das so ist, stellen wir fest, daß Geld das Gleitmittel ist, das angesichts der gegenwärtigen Strukturierung unserer Gesellschaft die Maschinerie des Lebens auf unserem Planeten am Funktionieren hält. Und das ist in Ordnung.

Also weigere ich mich, mich auf die Ebene der Leute zu begeben, die sagen: »Wenn du wirklich eine spirituelle Person wärst, würdest du dein Buch gratis weggeben. Du würdest die Honorare, die du dafür bekommst, unter den Armen verteilen. Und du würdest nichts davon für dich selbst behalten.« – Nebenbei erwähnt, un-

Rechtes Leben und Fülle

terstützen Nancy und ich und die Stiftung, die wir gegründet haben, jedes Jahr viele, viele Anliegen, die es wert sind, mit hohen Geldbeträgen. Das ist nicht wichtig. Es ist nur die Wahrheit. Es ist einfach nur das, was so ist.

Aber wissen Sie, ich liebe es, eine Menge Geld zu verdienen. Denn das gestattet mir, eine Menge Dinge zu tun, und ich bin mir sehr klar darüber, was ich in dieser Welt tun möchte. Ich bin mir klar über die Veränderungen, die ich bewirken will. Und wie ich schon sagte, braucht man dafür ein Gleitmittel.

Ich denke, wir müssen alles vergessen, was wir je über Geld gelernt haben. Ich denke, daß wir wirklich alles von der Tafel löschen müssen. Selbst jenen, die mit ein bißchen Geld in ihrem Leben gesegnet sind, fällt es zuweilen schwer, damit umzugehen – und sich dabei okay zu fühlen. Denn praktisch jede Botschaft, die wir in bezug auf das Geld erhalten haben, macht es zum Bösewicht, zum Schurken. Und damit werden in der Folge auch die, die es haben, zu den Bösewichtern im Leben, obwohl die Leute keine Bösewichter sind, selbst nicht einmal die, die eine Menge Geld haben. Dieser Gedanke hat sich in uns festgesetzt: Geld ist die Wurzel allen Übels. Wir sprechen vom schmutzigen Profit und von den unanständig Reichen. Geld hat irgendwie etwas

Dreckiges an sich – etwas Unsauberes. Und es ist fast so, als ob die, die ein bißchen davon haben, auf unverdiente Weise dazu gekommen wären; als sei es nicht fair oder nicht in Ordnung, daß sie es haben. Das Geld ist von einem riesigen Mythos umhüllt. Ich nenne ihn den »Geldmythos«. Und er besagt in unserer menschlichen Gesellschaft, daß Geld im Grunde nicht in Ordnung ist. Das Interessante daran ist, daß jeder es haben möchte. Und das bringt jedermann in die Lage, etwas haben zu wollen, das zu haben nicht in Ordnung ist.

Es ist ein bißchen wie mit dem Sex. Da verhält es sich auch so. Die meisten Menschen, die ich kenne, wollen so viel Sex – guten Sex – haben, wie sie bekommen können. Aber das ist in den meisten Bereichen unserer Gesellschaft nicht in Ordnung – ich mache hier keine Witze, ich meine das ganz ernst. In unserer Gesellschaft ist es nicht in Ordnung, viel Sex haben zu wollen. Und wenn Sie daherkommen und sagen: »Ich will eine Menge Sex haben«, halten die Menschen Sie für geistig gestört oder irgendwie nicht ganz koscher. Mit Geld ist es dasselbe – oder in einem noch stärkeren Maße so.

Wenn Sie Leute auf der Straße nach ihrem Sexleben befragen, werden sie tatsächlich mit Ihnen darüber reden. Aber fragen Sie sie mal, wieviel sie auf ihrem Bankkonto haben. Beobachten Sie ihren Gesichtsausdruck.

Rechtes Leben und Fülle

»Sie wollen *was* wissen? Wieviel ich auf meinem Bankkonto habe? Entschuldigen Sie mal. Das ist eine sehr intime Frage.« Mit wem sie letzte Nacht geschlafen haben, ist nicht intim – na ja, vielleicht ein bißchen, aber nicht *wirklich* intim. Wir sprechen hier von Geld. Das Thema Geld ist bei den Menschen mit stärkeren Emotionen besetzt als ihre Sexualität. Ist das nicht interessant? Das hat mit all den Botschaften zu tun, die wir unser Leben lang in bezug auf das Geld erhalten haben – neun Zehntel davon waren sehr, sehr negativ.

Also, wie können wir Freundschaft mit dem Geld schließen? Als erstes müssen Sie alles vergessen, was Sie je darüber gehört haben. Und dann müssen Sie statt dessen eine neue Botschaft in sich aufnehmen: Es gibt nichts im Universum, das nicht Gott ist. Und Gott und die Energie, die Gott ist, findet sich in allem, auch im Geld. Es ist nicht so, als existierte Gott überall außer in Ihrem Geldschein. Tatsache ist, Gott *ist* überall.

Wir müssen begreifen, daß Geld einfach nur eine andere Form der Lebensenergie ist. Eine sehr, sehr machtvolle Form, nicht machtvoll für sich genommmen, aber machtvoll, weil wir ihr Macht verleihen. Wir haben als Gesellschaft auf diesem Planeten gesagt: »Wir gestehen diesem speziellen Austauschmedium eine enorme Macht in unserem Leben zu.« Und das sollte es

Wegweisungen für den Alltag

zu etwas machen, das absolut okay ist. Wir haben ihm
unseren Segen gegeben. Wir haben gesagt, daß wir dies
mehr schätzen als jenes. Wir schätzen zum Beispiel
Gold mehr als Dreck, es sei denn, es handelt sich um
Dreck an einem bestimmten Ort, der sich sehr schnell
in Gold verwandeln kann – Immobilie genannt. Aber
sehen Sie, wir haben etwas gesegnet und zugleich verdammt, ein interessanter Widerspruch. Und so haben
wir es auch mit dem Sex gemacht, wie ich schon sagte.
Wir segnen den Akt der menschlichen Liebe, der sich als
sexuelle Reaktion äußert, und verdammen ihn zugleich.
Das ist wirklich außergewöhnlich. Und dieses ganze
Verhalten entspringt einem noch größeren kulturellen
Mythos. Und dieser Mythos, den uns viele Religionen
übermittelt haben, besagt leider: »Du sollst dich nicht
vergnügen.« Und da Sex und Geld zwei Dinge sind, die
uns die Möglichkeit bieten, uns zu vergnügen, haben
wir sie zu etwas ganz schrecklich Schlechtem und
Falschem gemacht und so auf dem Planeten und in unserem persönlichen Leben riesige Fehlfunktionen er-
zeugt.

Wie können wir mit dem Geld Freundschaft
schließen? Stellen Sie sich vor, das Geld sei ein Ge-
schenk des Universums an Sie, mit dem Sie alles Gute,
das Sie je für sich und andere tun wollten, tun kön-

Rechtes Leben und Fülle

nen. Doch da müssen wir eine weitere Hürde nehmen. »Mein Gott, wenn ich eine Menge Geld habe, dann kann ich mir ja tatsächlich gute Dinge leisten. Ich könnte hingehen und mir einen sehr teuren Anzug oder ein Paar italienische Schuhe für tausend Mark kaufen.« Habe ich den Mut zu sagen, daß ich italienische Schuhe für tausend Mark trage? Ja, ich trage sie. Wissen Sie, wie lange ich brauchte, es in Ordnung zu finden, daß ich ein Paar italienische Schuhe für tausend Mark trage? Ich meine nicht die Schuhe selbst, sondern das, wofür sie in meinem Leben stehen. Und sie stehen nicht dafür, daß ich das Geld habe, sie mir zu leisten. Sie stehen dafür, daß es meiner Einstellung nach für mich in Ordnung ist, so etwas zu haben. Das ist ein gewaltiger Sprung für mich, verstehen Sie?

Ich möchte Ihnen vermitteln, was mir diesen Sprung zu machen ermöglichte. Denn hier geht es um mehr als nur ein Stück Leder... es geht um die innere Einstellung, darum, daß *jedermann* letztlich in solchen Schuhen herumlaufen kann. Bildlich und buchstäblich gesprochen kann jedermann in den gleichen Schuhen herumlaufen... sofern wir folgende Lektion erlernen: Es gibt keinen Teil des Lebens, der nicht ein Teil Gottes ist. Es gibt keinen Aspekt der Lebensenergie, der nicht heilig und geheiligt ist. Nichts ist böse, außer das Denken

Wegweisungen für den Alltag

macht es dazu. Laßt uns aufhören, das Geld zu etwas
Bösem und Schlechtem zu machen. Laßt uns aufhören, den Sex zu etwas Schlechtem und Gottlosem zu
machen. Und laßt uns vor allem aufhören, einander zu
etwas Bösem und Schlechtem zu machen.

Was tun wir hier? Und warum machen wir das?
Warum bestehen wir darauf, in jeder Ecke unseres Lebens das Böse und Negative zu sehen? Was hat es damit
auf sich? Das ist die Frage. Das ist die zentrale Frage.
Und als menschliche Wesen sind wir nun an einem
Brenn- und Angelpunkt angelangt. Wir stehen an einer
kritischen Kreuzung – wir stehen vor der größten Frage,
die im Grunde nichts mit Geld, sondern mit dem Leben
selbst zu tun hat.

Sehen wir das Leben und alle seine Elemente im Kern
als böse oder als gut an? Das ist die Frage. Wenn wir das
Leben als in seinem Wesenskern gut ansehen, werden
wir unsere Probleme mit dem Geld lösen und Freundschaft mit ihm schließen. Dann werden wir gute Dinge
mit diesem Geld machen, gute Dinge für uns selbst,
weil wir es verdienen. Ich verdiene diese Schuhe. Und
Sie verdienen sie auch. Wir werden gute Dinge für
andere tun. Wir werden unsere Fülle und die Fülle, die
uns von Gott gegeben ist, mit jenen teilen, deren Leben
wir berühren. Niemand wird es an irgend etwas man-

Rechtes Leben und Fülle

geln. Es ist genug da für alle von uns. Und wenn wir uns dazu entscheiden, werden wir Freundschaft mit dem Geld, mit uns selbst, mit allen anderen und mit Gott schließen.

Wir müssen also dahin kommen, daß wir uns mit dem Geld wohl fühlen, so wie wir auch, wie ich hinzufügen möchte, dazu gelangen müssen, daß wir uns mit unserem Körper und miteinander wohl fühlen. Wir müssen lernen, uns mit dem Stoff des Lebens wohl zu fühlen, so daß wir sagen können: »Bring alles, was Leben ist, zu mir, und ich bringe alles Leben, alles wovon ich Teil bin, zu dir.« Und das, ohne uns irgendeines Teils zu schämen. Denn Gott kennt keine Scham.

Hier ist also Ihre Chance, Ihre Vorstellungen vom Geld als etwas irgendwie Schlechtem, etwas, das nicht in Ordnung ist, aufzugeben. Denn das ist es, was die Leute dazu bringt, in einem Leben stiller Verzweiflung zu verharren. Es ist ihr Glaube, daß Geld etwas Schlechtes ist. Und weil sie im Austausch für eine gute Tat nicht etwas Schlechtes in Empfang nehmen möchten, landen sie schließlich bei einer Arbeit, die sie hassen und ihnen somit wenigstens die Rechtfertigung liefert, Geld dafür anzunehmen. Also verbringen sie acht Stunden am Tag mit einem verhaßten Job und tun dann als Freiwillige etwas, das sie lieben. Sie gehen ins Kranken-

Wegweisungen für den Alltag

haus, leiten Pfadfindergruppen oder was immer. Sie machen das, was sie lieben, umsonst, und können für das, was sie hassen, Geld annehmen. Denn wer würde schließlich so etwas umsonst tun? Wer schon?

Doch alles ändert sich, wenn Sie die Entscheidung treffen, zu den Mutigen zu gehören, zu denen, die die Wahl treffen, sich ein Leben zu erschaffen, statt nur einen Lebensunterhalt zu verdienen. Sie bewirken einen unglaublichen Wandel, wenn Sie sich dazu entschließen. Einen so gewaltigen Wandel, daß er alle Ihre Erfahrungen verändert, einschließlich Ihrer Erfahrung mit Geld. Und seien Sie sich ganz klar darüber, daß so etwas möglich ist. Ich bin sozusagen ein lebendiger Beweis dafür, ich bin hier, um Ihnen zu sagen, daß diese Veränderung mit Sicherheit eintritt. Nun dort drüben hat jemand eine Frage…

Ich habe da einen Konflikt in bezug auf das Geld… Ich schätze es, ich genieße es. Ich hatte früher das Gefühl, daß ich Dinge tun muß, die ich nicht tun mag, um Geld zu bekommen. Nun begreife ich das nicht mehr als Problem. Doch der Konflikt, in dem ich mich nach wie vor befinde, ist der, daß ich, wenn ich eine Menge Geld hätte, das Gefühl hätte, an einem Programm oder System teilzunehmen, das die

60

Rechtes Leben und Fülle

*Mehrheit der Menschen auf der Welt außen vor läßt.
Es wäre für mich sehr viel akzeptabler, wenn ich
wüßte, daß jedermann auf der Welt genug zu essen
hätte, ausreichend medizinisch versorgt wäre, ein
Dach über dem Kopf und Kleidung hätte. In diesem
Fall wäre das Geld einfach nur ein Mittel, mit – in
Anführungszeichen – unnötigen Dingen zu spielen...*

Ich verstehe genau, was Sie sagen wollen. Aber achten
Sie darauf, daß Sie sich nicht durch Selbstgerechtigkeit
jenes sehr mächtigen Instruments berauben, das bewirken könnte, daß die Dinge *durch Sie* geschehen. Achten
Sie darauf, daß Sie sich nicht *selbst die Macht nehmen*,
zu denen zu gehören, die tatsächlich *bewirken können*,
daß all das geschieht.

Mein Leben ist der Schaffung einer Welt gewidmet,
die genauso ist, wie Sie sie beschreiben. Aber ich kann
Ihnen sagen, daß ich jetzt sehr viel effektiver wirken
kann als damals, als ich genau die Macht ablehnte, mit
der ich Veränderungen herbeiführen kann.

Eine der größten Fallen im Rahmen der menschlichen
Erfahrung ist die Selbstgerechtigkeit. Und manchmal
haben wir das Gefühl, so etwas wie »ein Recht auf
Selbstgerechtigkeit« zu haben. Ich meine, wir haben
wirklich das Gefühl, in bestimmten Situationen genau

Wegweisungen für den Alltag

zu wissen, was richtig und was falsch ist. Und im Kontext dieses relativen Denksystems haben wir unter Umständen auch verdammt recht in bestimmten Dingen. Doch das ist sehr gefährlich. Denn Selbstgerechtigkeit kann wirkungsvolles Handeln schneller blockieren als irgendeine andere Haltung, Einstellung oder Erfahrung. Sehen Sie, sie hält uns davon ab, verständnisvoll zu sein.

Wenn ich denke, daß ich in einer Sache recht habe, kann ich nicht einmal anfangen zu verstehen, wie Sie da anderer Meinung sein können, oder wie man zulassen kann, daß ein bestimmter Zustand andauert. Ich verliere mein Mitgefühl für die Menschen, die das, was in mir das Selbstgerechtigkeitsgefühl auslöst, erschufen. Und wenn ich das Mitgefühl verliere, verliere ich meine Fähigkeit, irgendeine wirklich effektive Veränderung zum Besseren herbeizuführen. Denn niemand mag es, ins Unrecht gesetzt zu werden.

Und ich halte es für ganz besonders gefährlich, in Anbetracht all des Unrechts, das auf der Welt begangen wird, in Selbstgerechtigkeit zu verfallen. Denn diese Selbstgerechtigkeit bedeutet im Prinzip, daß wir nicht begreifen, daß wir dieses Unrecht in die Welt gesetzt haben.

Lassen Sie mich Ihnen ein Beispiel geben: Wie dienlich wäre es einem großen Chirurgen oder großen Arzt,

Rechtes Leben und Fülle

angesichts all der Leiden und Krankheiten in der Welt in Selbstgerechtigkeit zu verfallen? Wie dienlich wäre es einem wunderbaren Rechtsanwalt, einem außergewöhnlichen Staatsanwalt, angesichts all der Konflikte in der Welt in Selbstgerechtigkeit zu verfallen? Ich meine, er will vielleicht die Konfliktsituation verändern oder mindern, aber eine selbstgerechte Haltung, eine Verurteilung der Tatsache, daß es so viele Konflikte gibt, wäre lachhaft angesichts dessen, was er sich in seiner eigenen Realität erschafft, um zu erfahren, wer er wirklich ist.

Sehen Sie, wir Menschen stellen die Kegel auf, dann stoßen wir sie um. Wir Menschen erschaffen die perfekten Umstände (ich spreche nun auf metaphysischer Ebene), die uns erlauben, einen Teil von uns selbst zum Ausdruck zu bringen, der erklärt, wer wir wirklich sind. Wenn zum Beispiel das, was ich wirklich bin, ein Heiler ist, werde ich, metaphysisch, die perfekten Umstände erschaffen, die mir gestatten »den, der heilt« zum Ausdruck zu bringen. Ich werde also Krankheit in mein Erfahrungsfeld einbringen, ja sie sogar auf bestimmter Ebene in meiner äußeren Realität *erschaffen* – das Gegenteil von dem, was ich bin, um das erfahren und zum Ausdruck bringen zu können, was ich bin.

Das Schlimmste, was den Pfarrern dieser Welt passie-

Wegweisungen für den Alltag

ren könnte, wäre, daß jeder ab sofort ein guter Mensch ist. Sie hätten niemandem mehr etwas zu sagen. Also werden die Männer und Frauen der Geistlichkeit den Rest ihres Lebens damit verbringen, auf einer tiefen metaphysischen Ebene das zu erschaffen, was spirituell geheilt werden muß, um das ausdrücken und erfahren zu können, was sie sind. Deshalb verurteilen und verdammen wahre Meister niemanden. Sie machen sich daran, ohne Verdammung die äußeren Umstände ihrer Welt zu verändern. Denn diese zu verdammen heißt, genau den Prozeß zu verdammen, der ihnen gestattete, einen Teil von sich zum Ausdruck zu bringen, der die Herrlichkeit dessen, was sie sind, verkündet. Dies ist ein metaphysisches Rätsel, das aber die Meister und Meisterinnen vollkommen verstehen.

Ich wiederhole noch einmal: Aus diesem Grund verdammen oder verurteilen Meister und Meisterinnen *nie* etwas, sondern streben einfach danach, einen Teil von sich selbst zum Ausdruck zu bringen, durch den sich die äußeren Umstände verändern oder verwandeln lassen. Auf praktischer Ebene dient Selbstgerechtigkeit niemandem.

Jimmy Carter ist meiner Meinung nach eine der außergewöhnlichsten öffentlichen Personen unserer Zeit. Er ist ein Mann, der sich ohne Selbstgerechtigkeit

Rechtes Leben und Fülle

in hochexplosive politische Situationen begeben hat. Dadurch hat er vieles zum Besseren gewendet, und das auf eine Weise, wie es Menschen, die sich mit einer selbstgerechten Haltung in solche Situationen begeben, nie tun könnten.

Und meine Selbstgerechtigkeit oder mein Zorn über den Zustand der Welt ist in vielerlei Hinsicht ein großes Hindernis...

Keine Frage. Jeder Moment der Selbstgerechtigkeit und jeder Moment der Verurteilung hindert Sie daran, Ihre großartigste Vorstellung zum Ausdruck zu bringen. Denn es kann Sie sowieso niemand hören. Wenn Sie aus einer selbstgerechten oder verurteilenden Haltung heraus sprechen, kann Sie niemand hören. Sie schieben nicht nur die *Macht* von sich weg, die es Ihnen ermöglichen würde, etwas zu erschaffen, Sie schieben auch die Leute von sich weg, die Ihnen diese Macht verleihen könnten. Denn niemand begreift Selbstgerechtigkeit, *auch nicht die, denen Sie zu helfen versuchen.*

Sie sagten auch noch etwas anderes, das interessant ist. Sie sagten, daß Sie, als Sie früher über diese Themen nachdachten, sich dabei ertappten, daß Sie etwas taten, was Sie gar nicht tun wollten, oder daß Sie dachten, Sie

Wegweisungen für den Alltag

müßten Dinge tun, die Sie gar nicht tun wollten. Doch niemand tut je etwas, was er gar nicht tun will. Lassen Sie mich das ganz klar sagen: Keiner tut etwas, was er nicht tun will – niemals. Wir tun mit Blick auf die Resultate, die wir uns davon erhoffen, einfach das, was wir tun wollen. Dann geben wir vor, daß es keine andere Möglichkeit gab, und reden uns selbst ein, daß wir uns in bezug auf unsere getroffenen Entscheidungen schlecht fühlen müssen.

Niemand tut etwas, was er nicht tun will. Keiner. Kann sich jemand hier in Raum an einen Fall erinnern, bei dem er etwas tat, was er wirklich nicht tun wollte? Kann das jemand… Wer möchte jetzt die Hand heben? Ich meine das ganz ernst… ist hier jemand… Heben Sie die Hand, wenn Sie glauben, daß es einen Fall in Ihrem Leben gab, bei dem Sie etwas taten, das Sie nicht tun wollten. Okay, Sie hier…

Ich glaube nicht, daß es darum geht, daß wir etwas nicht tun wollen. Aber wenn ich mich so umhöre, dann sagen die Menschen: »Ich habe keine andere Wahl.« Ich glaube, die Menschen denken, daß sie keine andere Wahl haben, denn ich selbst war auch lange in dieser Situation. Ich sagte auch immer: »Ich habe keine Wahl.« Weil ich an diesem Punkt meines

Rechtes Leben und Fülle

Lebens keine andere Wahl sah. Aber seit ich
Gespräche mit Gott *gelesen habe und begriffen habe,
daß wir tatsächlich nichts tun, ohne eine Wahl zu
treffen, treffe ich nun eine bewußte Entscheidung,
etwas zu tun. Ich treffe eine bewußte Wahl. Ich sage
mir sogar laut vor: »Ich treffe die Wahl, dies zu tun.«
Jetzt treffe ich erst eine Wahl, und dann tue ich es.
Und wenn ich jemanden höre, der sagt: »Ich hatte
keine Wahl«, möchte ich mich einmischen und sagen:
»Wissen Sie, Sie haben diese Wahl getroffen.« Aber
ich glaube, daß das in unserer Gesellschaft nicht
wirklich akzeptabel ist. Es ist so wie mit dem Geld
haben. Es ist so, als könnte ich hier nicht meine
eigenen Entscheidungen treffen. Es ist zu gut. Ich weiß
nicht, ob ich das verdiene… ich meine, es gibt mehr
Ich-habe-keine-Wahl-Menschen als Ich-habe-das-so-
gewählt-Menschen. Ich selbst mußte mich sehr
bemühen, das zu ändern.*

Es gibt nie einen Zeitpunkt in Ihrem Leben, an dem Sie
keine Wahl haben, nie. Tatsache ist, daß Sie Ihre Lebens-
umstände geschaffen haben, einschließlich des Um-
stands, den Sie »keine Wahl haben« nennen. Sie haben
sie geschaffen, um sich selbst die Erfahrung der Wahl-
möglichkeiten, die Sie haben, machen zu lassen. Sie

Wegweisungen für den Alltag

haben diese augenscheinliche Straßensperre errichtet, damit Sie zur Kenntnis nehmen, daß da gar keine Straßensperre ist. Und manche von Ihnen werden das auch merken. Die meisten Menschen merken es aber nicht. Und sie werden zulassen, daß sie den Rest ihres Lebens mit der Einbildung verbringen, daß sie keine Wahl haben.

»Ich hatte keine Wahl« ist unsere häufigste Rechtfertigung dafür, daß wir tun, was wir tun wollten. Wir gehen los und tun, was wir tun wollen, entweder um ein bestimmtes Resultat zu *vermeiden*, oder um ein bestimmtes Ergebnis *herbeizuführen*, was im Grunde auf dasselbe hinausläuft.

Wir tun also angesichts der Umstände, mit denen wir uns konfrontiert sehen, das, was wir tun wollen, um entweder ein Resultat zu vermeiden oder aber es zu bewirken. Und dann sagen wir: »Ich hatte keine Wahl.« Aber Sie *haben* eine Wahl. Und jede Wahl, die Sie treffen, jede Entscheidung, die Sie fällen, jeder Gedanke, den Sie denken, jedes Wort, das Sie äußern, ist eine Verkündung und Erklärung dessen, was Sie Ihrer Meinung nach sind, und was zu sein Sie wählen. Jeder Akt ist ein Akt der Selbstdefinition. Und Sie haben immer eine Wahl. Denken Sie daran: Gemessen an seinem idealen Weltbild tut keiner je etwas Unangemessenes.

Rechtes Leben und Fülle

Sie haben also nicht nur immer eine Wahl, Sie treffen auch immer eine Wahl, und Sie treffen immer die Wahl, die Ihrer Meinung nach ein bestimmtes Resultat herbeiführt oder aber vermeidet. Sie streben nach einem Ergebnis, das Ihnen definieren hilft, wer Sie wirklich sind. Darauf sind Sie aus. Sie würden das vielleicht nicht so ausdrücken, aber ich versichere Ihnen, das ist es, worauf die menschliche Seele aus ist. Und wenn Sie anfangen, das in dieser Weise zu sehen, es in dieser Weise zu formulieren, sehen Sie Ihr Leben ganz anders. Und Sie stellen sich das Leben als ein großes Abenteuer vor, denn plötzlich wird es zu einem ganz außergewöhnlichen Abenteuer – ein Abenteuer der Selbstschöpfung.

Manche Menschen fühlen sich, wenn es ums Geld geht, als Opfer. Sie verstehen nicht wirklich, daß sie in ihrem Leben immer in allem die Wahl haben, ganz besonders in bezug auf Geld. Manche Leute haben das Gefühl, daß sie den Launen des Schicksals ausgeliefert sind. Sie sehen im Grunde keine Verbindung zwischen ihrer finanziellen Situation und ihrem Bewußtsein... ihrer Bewußtseinsebene. Doch ich sage Ihnen, daß wir alles in unserem Leben erschaffen.

Und so kommt es, daß manche Leute sagen: »Neale, Sie verstehen das nicht. Ich hatte nicht die Gelegenheiten, die andere Leute hatten.« Sie waren benachteiligt

Wegweisungen für den Alltag

oder haben nicht die Fähigkeiten oder was immer sonst in ihrer Phantasie zwischen ihnen und dem Geld steht. Ich würde ihnen eine Reihe von Dingen sagen: Erstens fließt Ihnen das Geld nicht aufgrund Ihres Tuns zu. Wenn Sie glauben, Ihr Tun sei dafür verantwortlich, dann haben Sie natürlich immer alle diese mit dem Tun verknüpften Alibis: »Ich habe keine Collegeausbildung bekommen oder: »Ich war von Anfang an benachteiligt« oder: »Ich hatte nicht die Chancen, die Sie hatten«. Und das, weil Sie sich einbilden, das Geld fließe uns aufgrund unseres Tuns statt unseres Seins zu.

Sein ist etwas, das jedermann hat, unabhängig von Ausbildung, Lebenssituation, ethnischer oder kultureller Herkunft und gesellschaftlichem Status. Jedermann kann liebevoll sein; jedermann kann außergewöhnlich sein; jedermann kann großzügig und gebend und mitfühlend und freundlich sein. Jedermann kann all die Dinge sein, für die wir Menschen, unabhängig davon, was sie tun, viel Geld zu zahlen. Sehen Sie, es spielt an sich keine Rolle. Die Rechtsanwälte, die Ärzte, die Geistlichen, die Zeitungsverkäufer, die am meisten Geld verdienen, sind diejenigen, die uns mit einem breiten Lächeln entgegenkommen, mit einem großen Herzen für alle, deren Leben sie berühren. Das sind die Zeitungsverkäufer, die von den Leuten hohe Trinkgelder

Rechtes Leben und Fülle

bekommen, und die anderen Zeitungsverkäufer fragen sich, wie sie das angestellt haben. »Ach ja, du hast ein besseres Fahrrad« oder: »Du kommst aus einer besseren Familie« oder: »Du hast die bessere Route«.

Keiner hat im Leben eine bessere Route. Wir brauchen nichts weiter zu tun, als mit anderen eine Seinsebene zu teilen, die diese als etwas erkennen, von dem sie stets berührt sein wollen. Und wenn wir willens sind, das zu tun, dann spielt es keine Rolle, mit welchem Tun wir in unserem Leben befaßt sind. Wir können Klempner, Zeitungsausträger, Straßenkehrer oder Konzernchefs sein. Alles Gute des Lebens tritt in unser Leben ein, wenn wir bereit sind, unser Herz zu öffnen und aus einer tiefen Seinsebene heraus den Schatz mit anderen zu teilen, der in uns steckt und den man Liebe oder Freundlichkeit nennt. Wissen Sie, ein Lächeln bringt Ihnen mehr guten Willen ein, als Sie sich je vorstellen können.

Ich möchte also den Menschen, die sich als Opfer ihrer finanziellen Situation sehen, sagen: Schauen Sie sich die an, die es im Leben zu etwas gebracht haben. Und nehmen Sie einen Querschnitt von Menschen, die sehr, sehr reich geworden sind irgendwelche hundert Millionäre – und Sie werden Erstaunliches entdecken. Ja, da sind ein paar Leute, die alle Privilegien, alle ge-

Wegweisungen für den Alltag

sellschaftlichen und kulturellen Chancen hatten, aber da sind auch viele, die nicht darüber verfügten. Und schauen Sie sich die an, die auch nicht mehr hatten als Sie jetzt, und fragen Sie sie, wie sie von ihrer Ausgangslage dahin gekommen sind, wo Sie gerne sein möchten. Worin besteht der Unterschied zwischen Ihnen beiden? Und wenn sie sich gut ausdrücken können, werden sie Ihnen den Unterschied erklären: »Ich war bereit, hinzugehen und mich zu zeigen! Ich war bereit, alles zu geben, was ich in mir hatte. Es war mir ganz egal.«

Reden Sie mal mit Barbra Streisand. Plaudern Sie mal mit ihr. Fragen Sie sie nach ihrer kulturellen und ethnischen Herkunft und ihren Benachteiligungen und Vorteilen. Dann fragen Sie sie, wie sie es an die Spitze geschafft hat. Manche Leute nennen das Chuzpe. Manche sprechen von Magie. Manche nennen es eine gewisse *joie de vivre*. Aber letztlich läuft alles auf eine Bereitschaft hinaus, hinzugehen und sich als das wunderbare »Ich«, das Sie sind, *zu zeigen*, ganz gleich, was Ihre Geschichte ist. Tun Sie das, und Sie werden in Ihrem Leben glücklich sein. Übrigens werden Sie glücklich sein, *ob Sie nun viel Geld haben oder nicht.*

Rechtes Leben und Fülle

Neale, ich frage mich, ob Sie uns etwas darüber sagen können, warum so viele spirituell Suchende oder sogenannte Lichtarbeiter mit dem Thema Finanzen zu kämpfen haben. Die von uns, die wir unsere Firmenjobs verlassen haben und irgendwie aufgerufen sind, das für uns richtige und angemessene Leben zu führen. Der Prüfstein scheint immer zu sein: Schaffst du es durch die Feuerwand der Finanzen? Warum haben so viele von uns damit zu kämpfen?

Weil in dem Moment, in dem Sie erklären, irgend etwas Bestimmtes zu sein, alles, was nicht so ist, in den Raum einfließt. Ich wiederhole: In dem Moment, in dem Sie erklären, irgend etwas Bestimmtes zu sein, wird alles, was nicht so ist, in den Raum einfließen. Und so muß es sein. Es ist das Gesetz des Universums.

Sie fragen: »Warum?« Es ist so, weil das Universum so funktioniert. Und das deshalb, weil:

In der Abwesenheit dessen, was Sie nicht sind, das, was Sie sind, nicht ist.

Haben Sie das kapiert? Sie schütteln den Kopf, meine Liebe, und fragen sich: »Was versucht dieser Typ mir da zu sagen?« Ich sagte: »In der Abwesenheit dessen, was Sie nicht sind, ist das, was Sie sind, nicht.« Lassen Sie mich Ihnen ein Beispiel geben. Sind Sie groß und dick?

Wegweisungen für den Alltag

Nein. Woher wissen Sie, daß Sie nicht groß und dick sind?

Im Vergleich zu anderen Menschen scheine ich mittelgroß zu sein und eine Durchschnittsfigur zu haben.

Wie, wenn groß und dick nicht existierten, wüßten Sie also, daß Sie nicht groß und dick sind? Nehmen wir mal an, alle sähen so aus wie Sie. Gott, wäre das nicht großartig? Nun, Sie alle sehen tatsächlich großartig aus, so wie Sie sind. Den Satz konnte ich mir nicht verkneifen. Aber wie heißen Sie?

Karen.

Nehmen wir mal an, alle sähen genauso aus wie Sie. Wie wüßten Sie, wie Sie aussehen? Wie wüßten Sie sich zu beschreiben? Wie könnten Sie sagen: »Ich bin die mit den langen, dunklen... Oh, ich sehe, alle haben lange dunkle Haare. Okay, ich bin die, die relativ schlank ist, und ich bin mittelgroß. Nun, tatsächlich sind alle mittelgroß und relativ...« Wie könnten Sie auch nur wissen, wer Sie sind? Sie würden es nicht wissen, nicht wahr? Nicht im Rahmen dieser relativen Existenz.

Rechtes Leben und Fülle

Nicht im Äußeren.

Nein, nicht im Äußeren. Und wenn alle auch im Innern identisch wären, würden Sie nicht einmal um Ihr Inneres wissen. Weil Sie alle gleich wären. Richtig? Deshalb verspreche ich Ihnen, daß Sie, wenn Sie eine unmittelbare Erfahrung von Ihrem Wer und Was Sie sind machen möchten, Sie wie ein Magnet alles zu sich heranziehen werden, was Sie nicht sind. Weil in der Abwesenheit dessen, was Sie nicht sind, das, was Sie sind, nicht ist. Kapiert? Bingo.

Das Geheimnis besteht nun darin, sich dem nicht zu widersetzen. Denn das Ding, dem Sie sich widersetzen, bleibt bestehen. Und was Sie sich ansehen, das verschwindet. Was Sie halten und umarmen und liebevoll akzeptieren, das machen Sie sich zu eigen. Was Sie sich zu eigen machen, widersetzt sich Ihnen nicht länger.

Neale, es gibt so viele Menschen auf diesem Planeten, denen davor graut, ihre feste Anstellung aufzugeben, aus Angst, ihren Lebensunterhalt zu verlieren – all die Sicherheit, die sie bislang kannten. Was würden Sie ihnen sagen?

Wegweisungen für den Alltag

Manche Menschen haben schreckliche Angst davor, ihre feste Anstellung aufzugeben. Sie sitzen in der Falle eines selbsterdachten Gefängnisses, weil sie diese Vorstellung haben, daß sie alles verlieren, wenn sie dieses Umfeld oder diese Position, die sie sich so hart erarbeitet haben, aufgeben. Und doch ist alles schon verloren, sonst würden sie nicht den Wunsch haben wegzugehen. Die Kernfrage ist also nicht, was verlierst du, wenn du diese Position aufgibst, sondern was wirst du gewinnen? Und was bringt dich überhaupt dazu, innezuhalten und an ein Weggehen zu denken? Das ist die Kernfrage.

Schaut man sich an, warum sie überhaupt an einen Weggang denken, dann muß es doch etwas geben, was an ihren jetzigen Umständen nicht in Ordnung ist. Was fehlt? Es geht darum, eine Leere oder Lücken zu füllen.

Ich würde also zu Menschen, die sich in einem solchen Dilemma befinden, sagen, was ich oft den Leuten sage: Wissen Sie, Sie müssen sich ein Leben, statt nur einen Lebensunterhalt erschaffen. Sie sind vielleicht mit einem Drittel Ihres jetzigen Einkommens viel glücklicher, wenn Sie dabei von einem Seinsort ausgehen, der Ihrer Seele Freude macht.

Sehen Sie, die Schlüsselfrage lautet doch für jedermann: Wann kommen wir dahin, unserer Seele Freude zu machen? Wenn Sie für Ihren Lebensunterhalt einer

Rechtes Leben und Fülle

Tätigkeit nachgehen, die Ihrer Seele Freude macht, dann
ist das für Sie wundervoll. Aber ich muß Ihnen sagen,
daß das nur für eine äußerst kleine Minderheit auf diesem Planeten gilt. Die meisten Menschen leben ein
Leben der stillen Verzweiflung und tun das, was sie ihrer
Meinung nach tun *müssen*, um zu überleben.

Mein Leben hat mich gelehrt, daß wir gar nichts tun
müssen, um zu überleben. Ich habe alle Warnungen in
den Wind geschlagen und immer das getan, was meiner
Seele am meisten Freude machte. Das brachte manche
meiner Freunde und Kollegen, meine Familienangehöri-
gen und so weiter dazu, mich zuweilen als verantwor-
tungslos zu bezeichnen. Aber wem schulde ich die
größte Verantwortung, wenn nicht mir selbst?

So habe ich mich also geweigert, mich über sehr lange
Strecken hinweg mit irgendeiner Beschäftigung oder
Aktivität unglücklich zu machen, die ich nur deshalb
unternahm, weil ich dachte, ich müßte es, um einen bestimmten Lebensstandard aufrechtzuerhalten. Und das
würde ich auch jetzt wieder tun, wenn ich das Gefühl
hätte, daß mich das, was ich jetzt tue, nicht glücklich
macht. Und wie könnte ich denn anfangen, andere
glücklich zu machen, wenn ich selbst verzweifelt unglücklich bin?

Ich würde also die Menschen, die das Gefühl haben,

Wegweisungen für den Alltag

in dieser Falle zu sitzen, zu einem kleinen Test auffordern. Schreiben Sie auf ein Blatt Papier: »Die Fallen, in denen ich sitze.« Fangen Sie dann an, sie zu beschreiben: »Ich habe einen Job, der mir überhaupt keinen Spaß macht, aber wenn ich ihn aufgebe, könnte ich nicht das Geld verdienen, das ich jetzt verdiene, und könnte mir nicht all die Dinge leisten, die ich jetzt für mich und die von mir abhängigen Menschen habe.« Okay? Das ist eine Falle. Dann: »Was würde passieren, wenn ich mich aus dieser Falle befreien würde?« Wenn Sie sich dann angeschaut haben, was passieren würde, sehen Sie sich die dritte Ebene an: »Was würde passieren, wenn ich es trotzdem täte?« Verstehen Sie? Sie werden entdecken, daß sich die Welt auch ohne Sie weiterdreht.

Ich bekam vor vielen Jahren eine großartige Lektion von einer außergewöhnlichen Frau. Ihr Name war Dr. Elisabeth Kübler-Ross, und ich lernte sie persönlich kennen. Eines Tages fuhren wir gemeinsam eine Straße entlang, und ich erzählte ihr, daß es da etwas gab, das ich wirklich gerne tun wollte, ich müßte dafür aber meinen Job aufgeben. Und daß ich glaubte, das aus vielen Gründen nicht tun zu können, unter anderem deshalb, weil eine Menge andere Leute von mir und diesem Job abhängig waren.

Elisabeth sah mich gelassen an und fragte mich mit

Rechtes Leben und Fülle

ihrem starken schweizerischen Akzent bedächtig: »Ich verstehe, und was würden alle diese Menschen deiner Ansicht nach tun, wenn du morgen ganz einfach sterben würdest?«

»Das ist eine unfaire Frage, weil ich wahrscheinlich morgen nicht sterben werde«, erwiderte ich.

Sie sah mich an und sagte: »Nein, du stirbst schon jetzt.«

In diesem Augenblick beschloß ich zu leben. Ich beschloß, mein Leben zu leben. Und das war die größte Entscheidung, die ich je getroffen habe. Und das ist es, was ich jeder Person sagen würde, die sich in der Falle fühlt, ganz gleich, was sie für einen Job hat oder in welcher Situation sie sich befindet. Wieviel von Ihrem Leben sind Sie bereit wegzugeben? Und wieviel von Ihrem Leben sind Sie bereit einzufordern? Und wieviel mehr, wenn Sie dann Ihr Leben eingefordert haben, glauben Sie anderen geben zu können? Ich meine hier nicht nur materielle Dinge, sondern auch die Freude und das Glück, das Sie empfinden.

Das ist der Grund, warum sich Meisterinnen und Meister nie dem Gegenteil von dem, was sie sind, widersetzen, sondern es vielmehr als größten Segen ansehen. Führe das Gegenteil herbei, führe das herbei, was ich nicht bin. Denn ich werde das, was ich nicht bin,

Wegweisungen für den Alltag

nicht nur willkommen heißen. Ich werde mit ihm ver-
schmelzen und so sehr Teil von ihm werden, daß es
dem, was ich bin, zum Segen gereicht und dazu führt,
daß es sich auf großartige Weise zum Ausdruck bringt.
Verstehen Sie?

Das ganze Universum ist ein Feld. Manche Menschen
nennen es das morphische Feld. Ich nenne es ein Erfahrungsfeld, ein Ausdrucksfeld, das das *Leben selbst* zum
Ausdruck bringt. Es ist ein Feld der Kontraste, ein Feld
kontrastierender Elemente, wenn Sie so wollen. Und
ein Element kann sich nur innerhalb dieses Feldes kontrastierender Elemente selbst erkennen und definieren,
was es wirklich ist. Dies gilt für das relative Universum.

Nun, in dem, was man in unserer Sprache das Reich
des Absoluten nennt, ist ein solches Kontrastfeld nicht
nötig, ja es ist nicht einmal möglich. Denn das Reich des
Absoluten ist seiner Definition nach absolut das, was es
ist. Verstehen Sie? Und es gibt nichts anderes. Und das
nennen wir Gott. In meiner Sprache, in meinem Sprachgebrauch, in meiner Ausdrucksform nennen wir das
Gott.

Und am Anfang war Alles-was-Ist, und Alles-was-Ist
war alles, was da war. Da war nichts anderes. Es war
nichts anderes als Alles-das-Ist. Und es war sehr gut.
Aber es war Alles-das-War. Da war nichts anderes.

80

Rechtes Leben und Fülle

Und doch strebte es danach, sich selbst in eigener Erfahrung kennenzulernen. Und so sah es sich außerhalb seiner selbst nach etwas anderem um als das, was es war, um sich in eigener Erfahrung selbst kennenzulernen. Aber es konnte außerhalb seiner selbst nichts finden, das anders war als es selbst. Denn da war nichts anderes als das, was es war. Weil es Alles-was-Ist war, und da nichts anderes war.

Wie also sollte es sich in all seiner Großartigkeit selbst erkennen? Und so sah sich das, was wir Gott nennen, nach einem außen außerhalb seiner selbst um, aber es gab keinen Ort außerhalb seiner selbst. Und deshalb sah es nach innen, damit es sich selbst erkennen könnte – übrigens kein schlechter Gedanke, falls *Sie* mal beschließen sollten, sich selbst erkennen zu wollen. Schauen Sie nach innen, nicht nach außen. Denn die, die nicht nach innen gehen, gehen leer aus.

Also schaute Gott ins Innere, und im Inneren dessen, was Gott ist, sah Gott all die Großartigkeit und Herrlichkeit, nach der Es suchte. Und Es implodierte buchstäblich. Das heißt, Gott kehrte sich selbst für uns von innen nach außen und implodierte in Abermilliarden über Abermilliarden verschiedene Teile – die sich hier und dort, nach oben und unten, nach links und rechts verteilten. Und plötzlich wurden hier und dort, oben

Wegweisungen für den Alltag

und unten, links und rechts *erschaffen*. Schnell und langsam, groß und klein wurden plötzlich *erschaffen* in diesem glorreichen Moment jenes ersten Gedankens, der Gott in seinen unzähligen Elementen hervorbrachte. Und ein jedes Element raste vom Zentrum weg mit etwas, das nun Geschwindigkeit genannt wurde, und erschuf eine Illusion, die wir jetzt Zeit nennen. Jedes der Elemente konnte auf all den Rest von Gott zurückblicken und sagen: »Oh, mein Gott, wie wundervoll du bist.«

Und all die anderen Elemente von Gott konnten ebenso auf das einzelne Element, das diese Beobachtung machte, zurückblicken und zu diesem einzelnen Element genau dasselbe sagen. Nur daß das einzelne Element es nicht hörte. Das Einzelelement dessen, was Gott ist, hörte nicht das Kollektiv dessen, was Gott ist, zu ihm sagen: »Oh, mein Gott, wie wundervoll du bist.« Und so überläßt es das Gott genannte Kollektiv den Einzelelementen Gottes, einander daran zu erinnern. »Siehst du, wie wundervoll du bist? Oh, mein Gott, wie wundervoll du bist.«

Und wenn wir es versäumen, das zueinander zu sagen, wenn wir uns einander diese Botschaft nicht überbringen, dann scheitern wir an der größten Mission von allen. Denn wir sind hierhergekommen, um uns

Rechtes Leben und Fülle

selbst zu erkennen. Doch ich kann mich letztlich nur durch dich, durch euch erkennen, denn es ist nur einer von uns im Raum.

Aber sollten Sie sich zur personifizierten Fülle erklären, zu dem, was die ganze große Fülle des Universums, einschließlich das Geld, anzieht, dann kann ich Ihnen versichern, daß Sie als erstes die unmittelbare Erfahrung machen werden, überhaupt kein Geld zu haben. Hat jemand von Ihnen je diese Erfahrung gemacht? In dem Augenblick, in dem Sie sagen, »Die Fülle ist mein, spricht der Herr«, im Gegensatz zu »Rache«… das ergibt einen neuen Autoaufkleber, was? »Die Fülle ist mein, spricht der Herr.« In dem Augenblick, in dem Sie das sagen, wird es Ihnen in Ihrem Universum so vorkommen, als wäre alles verschwunden. Sie werden anfangen, sich in Kreisen zu bewegen, in denen keiner Geld hat, bis Sie es nicht mehr tun, bis Sie jemanden treffen, der sagenhaft reich ist. Und dann wird sich alles ändern.

Was ist mit der Erhebung des Zehnten, damit, daß man zehn Prozent des Einkommens beisteuert? Und was ist damit, daß Firmen zehn Prozent ihres Nettoprofits abgeben. Könnten wir nicht die Ökonomiestruktur dieses Landes verändern?

Wegweisungen für den Alltag

In *Gespräche mit Gott* findet sich eine außergewöhnliche Aussage. Dort steht, daß der Tag kommmen wird, an dem wir auf diesem Planeten freiwillig zu einer Form des Teilens kommen werden. Und die wird so aussehen, daß jeder freiwillig zehn Prozent seines Einkommens beisteuert. Konzerne und Einzelpersonen werden zu einem allgemeinen Fond beitragen, dessen Mittel dann wieder auf die Menschen in Not und die sozialen Programme verteilt werden, die den Bedürftigen dienen. An dem Tag, an dem wir das tun, werden auf der Erde alle Steuern verschwinden, weil wir mehr Geld einsammeln werden, wenn wir die Menschen bitten, freiwillig zehn Prozent abzugeben, als wir je durch Steuern eintreiben könnten.

Und niemand wird das als Übergriff empfinden, und jeder wird zehn Prozent von seinem Einkommen beisteuern, ob er nun tausend Dollar die Woche, tausend Dollar die Stunde oder tausend Dollar im Jahr verdient. Man gibt ganz einfach zehn Prozent an den allgemeinen Fond ab. Menschen, die unterhalb einer bestimmten Einkommensebene liegen, müssen das nicht tun. Wenn Sie im Jahr nur einen Dollar verdienen, wird man Sie nicht bitten, zehn Cents zu geben.

Aber die ökonomische Struktur basiert auf einem ganz einfachen Gedanken: Wenn Sie einen Teil dessen,

Rechtes Leben und Fülle

was Ihnen aus dem Gesamtsystem zufließt, zurückgeben, fördern und bereichern Sie das System selbst, und um so mehr kann Ihnen dann wieder zukommen. Das ist so augenfällig, so offensichtlich und so klar, daß es schon bemerkenswert ist, daß wir noch nicht darauf gekommen sind. Aber es gibt noch etwas, das passiert, wenn wir ein Zehntel abgeben, etwas noch viel Wichtigeres. Und es ist egal, ob wir einer Kirche, einer Synagoge, einer uns heiligen Gebetsstätte, der Wohlfahrt oder irgend etwas anderem regelmäßig einen Teil, eben zehn Prozent, unseres Einkommens zukommen lassen.

Wenn wir das regelmäßig tun, machen wir eine enorme Aussage gegenüber dem Universum. Eine Aussage, die besagt: *Wo das herkam, ist noch mehr.* Es ist so viel davon da, daß ich buchstäblich regelmäßig zehn Prozent davon weggeben kann, ohne es zu vermissen. Wir sagen damit gegenüber dem Universum aus, daß ausreichend da ist, »genug« da ist – und das führt dann dazu, daß wir dies als eine konkrete Tatsache in unserem Dasein erfahren. Deshalb sagen so viele spirituelle Bewegungen: Gebt den Zehnten ab. *Gebt ihn ab,* nicht weil wir euer Geld haben wollen, ja nicht einmal, weil wir euer Geld brauchen, sondern weil *ihr diese Aussage des ausreichenden Vorhandenseins* machen müßt. Diese Aussage wird zu einem Befehl auf zellularer

Wegweisungen für den Alltag

Ebene an euch selbst und an das Universum. Ihr befehlt damit dem Universum, die Reaktion herbeizuführen, die solche Handlungen notwendigerweise erzeugen. So wird ein solches Vorgehen zu einem Instrument, mit dessen Hilfe wir das Universum darüber informieren, was für uns wahr ist.

Das führt mich zu meiner nächsten Frage:
Wie sieht die Zukunft der Ökonomie in den USA aus?
Was können Sie für das 21. Jahrhundert voraussehen?
Was wird sich wohl ändern? Und was ist mit dem
Tauschhandel?

Ich weiß nur, daß das Morgen von uns allen erschaffen wird. Meine Mission besteht darin, auf die Menschen hier und heute, hier und jetzt einzuwirken.

Wenn ich einen Blick auf das 21. Jahrhundert werfen müßte, dann würde ich sagen, daß meine großartigste Vision als erstes darin besteht, daß wir alle – ökonomisch, spirituell, politisch, gesellschaftlich gesehen – von zwei Prinzipien ausgehen. Das erste Prinzip ist, daß wir alle eins sind. Haben Sie eine Vorstellung davon, wie sich die Beschwörung dieses Prinzips von »wir sind alle eins« ökonomisch, politisch und spirituell auf diesem Planeten auswirken würde? Es würde zu einem solchen

Rechtes Leben und Fülle

Aufruhr und zu solchen Veränderungen und Verschiebungen führen, wie sie sich kaum beschreiben lassen. Und es wäre natürlich alles eine Veränderung zum Guten, zum Besseren. Die Kriege hätten morgen ein Ende. Streitereien wären praktisch unmöglich; jedenfalls ließen sich Streitigkeiten, die zu Gewalttätigkeiten führen, angesichts der Prämisse, daß wir alle eins sind, nur sehr schwer aufrechterhalten.

Und ich habe die Vision, daß wir irgendwann im nächsten Jahrhundert, und hoffentlich eher früher als später, eine ökonomische Realität um die spirituelle Grundwahrheit herum errichten: Es gibt nur einen von uns. Und das zu tun, ist möglich. Diese ökonomische Realität würde jeden Gedanken an Eigentumsrecht eliminieren. *Gespräche mit Gott* geht ein wenig auf dieses Thema ein, und es ist da von einer Zukunft die Rede, in der niemand wirklich etwas besitzen wird, sondern nur als Verwalter für bestimmte Dinge agieren darf. Sie wissen, in früheren Zeiten dachten wir doch tatsächlich, daß wir nicht nur Dinge, sondern auch Menschen besitzen können. Ich meine, Ehemänner dachten, daß sie ihre Frauen besäßen, und Ehepaare dachten, daß ihre Kinder ihr Eigentum wären, und so war es auch. Von daher war es auch sehr leicht zu glauben, daß man eine Plantage oder eine Farm oder was auch immer besaß.

Wegweisungen für den Alltag

Aber in Zukunft wird es für uns ganz offensichtlich sein, daß wir die Erde ebensowenig besitzen, wie die Kinder unser Eigentum sind. Wir haben uns nun bis zu einem Grad entwickelt, an dem uns klar ist, daß wir uns nicht gegenseitig besitzen. Die Ehemänner nicht ihre Ehefrauen, die Ehefrauen nicht ihre Ehemänner. Übrigens dämmert uns das erst seit den letzten fünfzig Jahren – diese Vorstellung gibt es noch nicht allzu lange. Es ist uns vermutlich so in den letzten dreißig Jahren einigermaßen klargeworden. Für die meisten von uns männlichen Höhlenmenschen ist das ein neuer Gedanke. Daraus erwuchs schließlich die Einsicht, daß auch unsere Kinder nicht unser Eigentum sind, daß wir sie ebensowenig besitzen wie unsere Ehefrauen.

Und nun gelangen wir zu einem neuen Gedanken: Wir besitzen nicht einmal das Land unter unseren Füßen, nur weil wir ins Grundbuch eingetragen sind, vom Himmel über uns ganz zu schweigen. Manche Leute denken wie die Regierungen und sagen: »Das ist unser Himmel ... wie hoch oben ist oben?«

Sie wissen, wir hatten vor nicht langer Zeit einen riesigen Streit in der UNO, weil die Satelliten das Territorium eines bestimmten Landes überflogen, was dann zu einer Debatte über die außergewöhnlichen Frage führte: Wie hoch oben ist oben? Bis in welche Höhe erstreckt

Rechtes Leben und Fülle

sich der Luftraum, den ein Land besitzt? Bis zum Ende des Universums oder was? Wir sahen allmählich, wie lächerlich wir uns machten. Es ergibt sich natürlich auch die Frage: Wie tief unten ist unten? Die Bodenschätze im Erdreich unter Ihren Füßen – gehören Sie Ihnen? Gehören Saudi-Arabien, ohne hier irgendein bestimmtes Land auf dem Globus beleidigen zu wollen, tatsächlich die Bodenschätze, das Öl unter seinem Territorium? Und wenn ja, wie tief unten ist unten? Manche würden wahrscheinlich sagen, bis zum Ende – das heißt, sie kommen auf der anderen Seite wieder heraus.

Das bedeutet übrigens wiederum, daß jeder alles besitzt, denn wenn du wirklich die Erde unter dir bis ans Ende besitzt, dann heißt das, daß du auch die Erde auf der anderen Seite des Globus besitzt. Ich möchte die Frage und auch die Antwort nicht ins Lächerliche ziehen, aber der Punkt ist, daß wir uns früher oder später zu einer Ebene entwickeln werden, auf der wir verstehen, daß wir nichts besitzen und einfach nur Verwalter sind. Und wenn wir dahin kommen, werden wir aufhören, das Land zu verseuchen, die Umwelt zu zerstören und all die Dinge zu tun, die wir Gaia antun, diesem Planeten, weil wir glauben, ein Recht darauf zu haben, weil er ja schließlich uns gehört. »Das ist mein Eigentum, ich mach' damit, was ich will.«

Wegweisungen für den Alltag

Ich habe die Vision von einer Ökonomie im 21. Jahrhundert, bei der die Form von Eigentümerschaft nicht länger möglich ist, die uns erlaubt, etwas willentlich und ohne jede Rücksicht auf die Auswirkungen für den Rest von uns zu zerstören, nur weil wir es gekauft haben.

Und dann sehe ich eine zweite Ebene der Ökonomie des 21. Jahrhunderts. Ich sehe, daß wir uns endlich darüber im klaren sind, daß genug da ist – genug von allem, was wir unserer Ansicht nach brauchen, um glücklich zu sein. Und daß wir so dahin gelangen, es schließlich miteinander zu teilen.

Es ist auch jetzt genug auf dem Planeten vorhanden; aber es gibt Millionen von Menschen, die da anderer Meinung sind. »Weißt du, Neale«, würden sie sagen, »du kannst ja hier sitzen und darüber reden, daß genug da, alles in ausreichendem Maße vorhanden ist, aber wir verhungern hier draußen. Wir haben nicht genug zu essen. Wir haben kein Dach über dem Kopf. Wir haben nicht genug Kleidung. Wir haben nicht genug Geld. Wir haben nicht genug von den guten Dingen, die du offensichtlich in Hülle und Fülle in deinem Leben hast.«

Und das ist wahr, sie haben nicht genug. Aber nicht, weil nicht genug von dem Zeug da ist, sondern weil die, die es haben, nicht bereit sind, es zu teilen. Es ist

Rechtes Leben und Fülle

kein Geheimnis, daß ein Zehntel der Weltbevölkerung neun Zehntel der Ressourcen dieser Welt in seinen Händen hält. Ist das fair? Ist das in Ordnung? Ist das für eine Gesellschaft angemessen, die sich gerne selbst als hochstehend, als bewußt, als hoch entwickelt beschreibt?

Auf welcher Argumentationsebene kann sich eine Gesellschaft entwickelter Wesen die Rechtfertigung erlauben, daß ein Zehntel der Menschen neun Zehntel der Ressourcen in seinen Händen hält? Sich weigert, sie gerecht zu teilen mit dem Spruch: »Du verstehst das nicht. Es gehört mir, ich habe es gekauft, ich habe dafür gearbeitet, und du kannst es nicht bekommen.« Es ist schon erstaunlich, daß die neun Zehntel der Weltbevölkerung, denen ein Zugang zu diesen Ressourcen verweigert wird, nicht mehr revoltieren, als sie es bereits tun, und nicht einen unvorstellbaren Aufruhr verursachen.

Es ist erstaunlich, und der Grund dafür ist die Güte des menschlichen Herzens und auch die Unwissenheit, in der die meisten Menschen auf dieser Erde leben. Darum wollen die Politiker auch nicht zulassen, daß die weniger Glücklichen auf dieser Welt eine Ausbildung bekommen. Wissen ist Macht, und je mehr die Menschen wissen, desto deutlicher sehen sie, wie unfair

Wegweisungen für den Alltag

unser ökonomisches Verteilungssystem und die Verteilung der Ressourcen auf diesem Planeten ist.

Ich habe eine Vision von einer Ökonomie im 21. Jahrhundert, die sich diese offensichtlichen Fakten anschaut und allmählich sieht, wie unfair das alles ist, und endlich einmal etwas dagegen unternimmt. Und wissen Sie, was das Interessante daran ist? Wir *können* in dieser Sache etwas unternehmen, ohne unbedingt jenen, die gegenwärtig die neun Zehntel der Ressourcen in den Händen halten, so viel wegzunehmen, daß sie das Gefühl haben, nun beraubt zu sein und Mangel leiden zu müssen. Ich kann Ihnen gar nicht sagen, wieviel man mir wegnehmen könnte, bevor ich mich beraubt fühlte.

Ich habe auf der Straße gelebt. Ich verbrachte fast ein Jahr auf der Straße und lebte davon, daß ich Dosen im Park aufsammelte und für fünf Cent an der Sammelstelle ablieferte. Ich bin an diesem Punkt gewesen. Ich kenne den Unterschied zwischen damals und der Situation, in der ich jetzt bin. Und Sie könnten mir neun Zehntel von dem, was ich jetzt besitze, wegnehmen, und ich wäre noch immer nicht auf dem Level von damals, ja nicht einmal nahe daran. Wieviel ist genug? Dies frage ich das eine Zehntel der Weltbevölkerung, die neun Zehntel der Ressourcen in den Händen halten. Wieviel ist genug? Und wieviel müssen die Menschen

Rechtes Leben und Fülle

leiden, damit sie das Gefühl haben, genug zu haben? Das ist übrigens keine ökonomische Frage. *Es ist eine spirituelle Frage.*

Um auf die Frage dieser Dame in bezug auf die Fülle zurückzukommen. Im ersten Band steht, wenn ich Sie richtig verstehe, daß wir meinen, der Manifestationsprozeß verlaufe vom Gedanken über das Wort zur Tat. Und es wurde der Vorschlag gemacht, daß wir, wenn wir manifestieren wollen, diesen Vorgang umkehren müssen. Daß wir handeln müssen »als ob«. Ich möchte fragen, ob Sie dazu noch etwas sagen könnten.

Ja, ich danke Ihnen. Es gibt drei Ebenen der Schöpfung. Jeder von uns ist ein dreiteiliges Wesen, bestehend aus Körper, Geist und Seele – so wie auch Gott aus Körper, Geist und Seele besteht. Jede und jeder von uns ist ein individuelles Duplikat dieser Triade von Energien, die wir Gott nennen. Wir alle haben also drei Schöpfungszentren oder drei Schöpfungsinstrumente: Körper, Geist und Seele.

Ihre Gedanken produzieren Energie im Universum, und wenn Sie etwas oft und lange genug denken, wird dies ein physisches Resultat in Ihrem Leben herbeiführen. Hat das jemand schon einmal erlebt? Klar,

Wegweisungen für den Alltag

die meisten von uns haben diese Erfahrung gemacht. Tatsächlich hat ein Typ 1946 einen Bestseller über dieses Thema geschrieben mit dem Titel *Die Kraft des positiven Denkens*. Dieser New-age-Schriftsteller war Dr. Norman Vincent Peale.

Unsere zweite Ebene der Schöpfung sind die Worte. So, wie Sie reden, wird es geschehen. Ihr Wort ist also im Grunde eine Form von Energie. Sie produzieren mit dem, was Sie sagen, ganz konkret Energie im Raum. Und diese Energie ist schöpferisch. Ich verspreche Ihnen, wenn Sie etwas oft und laut genug sagen, wird es eintreten. Wenn zwei oder mehr anfangen, dasselbe zu sagen, wird es sich ereignen. Und wenn eine ganze Gruppe von Menschen anfängt, dasselbe zu sagen, kann es gar nicht anders, als sich ereignen. Das nennt man kollektives Bewußtsein, und deshalb ist die Welt übrigens so, wie sie ist. Denn unser Kollektivbewußtsein befindet sich noch nicht auf der Ebene des individuellen Bewußtseins, über das viele von uns verfügen. Es ist somit unsere Aufgabe, das kollektive Bewußtsein anzuheben.

Es gibt nichts Mächtigeres auf der Welt als das kollektive Bewußtsein. Jeder Lehrer jeder spirituellen Tradition auf diesem Planeten hat in der einen oder anderen Form gesagt: »Wo zwei oder mehr versammelt sind.« Und das ist wahr.

Rechtes Leben und Fülle

Die Welt, die wir sehen, und alles, was wir in ihr sehen, war einmal ein Gedanke. Und die meisten Dinge, die wir sehen, entstanden aus den Gedanken, die mehr als eine Person – die viele Leute teilten. Das gilt für die meisten unserer Institutionen und unserer Systeme im politischen, erzieherischen, spirituellen, sozialen und auch ökonomischen Bereich. Wenn wir also das kollektive Bewußtsein verlagern und verändern können, können wir auch das Paradigma unserer gesamten Erfahrung auf diesem Planeten verlagern und verändern. Das ist der Grund, warum alle das zu tun versuchen. Darum geht es bei den Massenmedien. Darum geht es in der Politik: um das Verändern, Verlagern, um den Versuch, das kollektive Bewußtsein umzumodeln.

Wir müssen nun eine andere Möglichkeit ausfindig machen, wie wir *versuchen können, das kollektive Bewußtsein zu verändern.* An Politik haben wir schon genug gehabt, und auch genug an gesellschaftlichem Einwirken auf das kollektive Bewußtsein. Wie wäre es mit etwas spiritueller Einwirkung? Wenn wir ein neues kollektives Bewußtsein von unserer eigenen spirituellen Wahrheit, der höchsten Wahrheit, die uns allen in unserem tiefsten Kern innewohnt, herstellen könnten, würden wir die Welt buchstäblich über Nacht verändern. Über Nacht!

Wegweisungen für den Alltag

Aus diesem Grund sind Bücher wie *Gespräche mit Gott* so wichtig für diesen Planeten und eine solche Bedrohung für bestimmte Bereiche innerhalb des Establishments. Denn sie stellen eine direkte Leitung zum kollektiven Bewußtsein her.

Ist das kollektive Bewußtsein wichtig? Darauf können Sie wetten. Deshalb müssen wir in bezug darauf, was wir auf dem Bildschirm, in den Kinos und in den Büchern, die wir kaufen, zulassen, sehr achtsam sein. Wir müssen darauf achten, welchen Dingen wir unseren Geist aussetzen, und welchen Dingen wir unserer Entscheidung nach den Geist anderer aussetzen.

Wir sollten bestrebt sein, ein neues kollektives Bewußtsein zu erschaffen und wiederzuerschaffen und ein Gewahrsein vom Kollektiven herzustellen. Damit meine ich ein kollektives Gewahrsein von unserer kollektiven Erfahrung. In Wahrheit will ich damit sagen, daß wir nun ein universelles Gewahrsein von unserem Einssein brauchen – von der Tatsache, daß es in der Tat nur ein einziges Kollektiv gibt, dem wir alle angehören. Niemand existiert außerhalb davon. Und niemand in diesem Kollektiv ist besser als ein anderer. Was für ein außergewöhnlicher Gedanke.

Nun, unsere Handlungen – das, was wir mit dieser riesig großen Energieansammlung, unser Körper genannt,

Rechtes Leben und Fülle

tun – sind natürlich die dritte Ebene der Schöpfung. Es ist eine sehr grobe Ebene – sehr grob. Ich meine, jetzt bewege ich hier die Luft. Wenn Sie Ihre Hand durch die Luft bewegen, ergibt das eine gewaltige Energiebewegung. Ich kann im wahrsten Sinn des Wortes jemandem Energie zuschieben.

Ist es Ihnen schon passiert, daß es Ihnen nicht besonders gutging und jemand auf Sie zukam und die Hände auf Ihren Kopf legte, nichts weiter? Und binnen fünf Minuten – manchmal auch nur fünf Sekunden – fangen Sie an, diese Wärme, diese Schwingung zu spüren. Und vermutlich sagen Sie dann: »Ich weiß zwar nicht, was du da gerade gemacht hast, aber ich fühle mich gut.«

Wenn Sie nun noch einen Schritt weitergehen... ich mache dies hier manchmal mit der Dame, die zufällig meine Frau ist. Wenn Sie nun noch einen Schritt weitergehen und einander berühren, dann können unglaublich magische Dinge passieren. Es ist die Energie... Unglaublich magische Dinge können sich ereignen. Weil diese Energie sehr grob ist und keine sehr hohe Schwingung besitzt. Sie ist sehr schwer, sehr, sehr real.

Nun, das Problem im Leben ist, daß die meisten Menschen das eine denken, etwas anderes sagen und ein drittes tun. Sie denken also das eine und tun etwas anderes, oder sagen das eine und denken etwas anderes.

Wegweisungen für den Alltag

Oder sie sagen nicht, was sie denken, oder tun nicht, was sie sagen. Ich weiß natürlich, daß niemandem hier im Raum je so etwas passiert ist. Doch ich habe Zeiten erlebt, in denen mir dieser Konflikt zwischen meinen drei Schöpfungszentren begegnet ist. Oft will ich den Menschen nicht sagen, was ich wirklich denke, weil ich nicht gerade stolz darauf bin. Warum denke ich es also? Das weiß nur Gott.

Seit kurzem habe ich angefangen, meine Gedanken manchmal zu überwachen. Und wenn ich einen Gedanken erwische, den ich nicht länger wähle, der nicht wirklich das ist, was ich bin, dann verschwende ich keinen weiteren Gedanken an ihn. Ich verschwende buchstäblich keinen weiteren Gedanken an ihn. Ich schmeiße ihn einfach raus. Sobald Sie keinen zweiten Gedanken darauf verwenden, hat er keine Macht mehr. Das ist das Nette an dieser Energie, sie ist sehr fein, sehr ätherisch. Man muß etwas immer weiter und weiter denken und nochmals und nochmals überdenken, bis es so stark gedacht ist, daß es von angesammelter Energie sehr schwer ist. Deshalb sagte Pogo (Walter Kelly ist der Autor dieses wunderbaren Comicstrips *Pogo*): »Wir sind dem Feind begegnet, und der Feind war wir.«

Ihr Leben verändert sich also allmählich, wenn Sie anfangen zu sagen, was Sie denken, und zu tun, was Sie

Rechtes Leben und Fülle

sagen. Dann fangen Sie an, aus allen drei Schöpfungszentren heraus zu erschaffen. Und plötzlich beginnen
Sie, in sehr kurzer Zeit außergewöhnliche Resultate zu
manifestieren und produzieren.

Was war noch gleich die Frage?

*Es geht um die Botschaft, die ich aus der Lektüre des
Abschnitts über die Bewegung vom Gedanken über
das Wort hin zur Tat bekam. Und um den Vorschlag,
diese Bewegung umzudrehen, um so zu erwünschten
Manifestation zu gelangen. Und ich wollte gerne, daß
Sie das weiter ausführen und noch detaillierter darauf
eingehen.*

Vielen Dank. Danke, daß Sie mich wieder auf die Spur
gebracht haben. Da müssen Sie bei mir aufpassen, ich
quatsche mich leicht vom Thema weg. Doch ich bin fast
beim Thema geblieben. Das Denken ist also die äthe-
rischste oder, um ein einfaches Wort zu gebrauchen, die
dünnste Form dieser schöpferischen Energie. Und das
Wort ist, wiederum einfach ausgedrückt, die nächst
dickere, die nächst dichtere Energieform. Und das Handeln ist dann natürlich eine Energiebewegung in wirklich dichter Form. Somit besteht eine der schnellsten
Methoden, um etwas in unserer physischen Realität zu

Wegweisungen für den Alltag

erschaffen, in der Umkehrung des normalen Prozesses, durch den wir normalerweise die Dinge erschaffen.

Normalerweise erschaffen wir die Dinge, indem wir als erstes über sie nachdenken. »Ich denke, ich geh' zu dieser Party.« Dann sagen wir etwas darüber. »Matilda, ich komme zu deiner Party heute abend.« Und dann tun wir etwas, wir kreuzen bei dieser Party auf. »Hier bin ich, so wie ich gesagt habe.« Weil ich diesen Gedanken heute morgen »schwer gedacht« habe. Das ist die Art und Weise, in der wir im allgemeinen die Dinge in unserer Realität produzieren.

Tatsache ist, daß alles in diesem Raum einmal ein Gedanke von jemandem war. Hier ist nichts, was nicht einst der Gedanke von jemandem gewesen ist. Aber wenn Sie wirklich die Tricks des Universums vorführen und mit dem Stoff des Lebens selbst Magie erschaffen wollen, dann drehen Sie das Paradigma von Gedanke, Wort und Tat um. Machen Sie es anders herum und fangen Sie mit der Tat an. Das heißt: Handeln Sie so, als ob.

Wir haben hier von der Fülle gesprochen. Wenn Sie Fülle erfahren wollen, dann *seien* Sie Fülle und tun Sie das, was Fülle tut. Wenn Sie insgesamt nur noch fünf Dollar übrig haben, dann wechseln Sie diese in fünf Eindollarnoten um. Nehmen Sie diese fünf Scheine und geben Sie jeweils einen davon an fünf Leute auf der Straße,

Rechtes Leben und Fülle

die noch weniger als Sie haben. Sie werden diese fünf Menschen übrigens sehr leicht finden. Sie werden innerhalb Ihres Erfahrungsbereichs immer jemanden finden, der weniger hat als Sie, ganz gleich, wie wenig Sie selbst zu haben meinen. Nicht, weil die Welt so ein schrecklicher Ort ist, sondern weil *Sie dies in Ihrer Realität erschaffen werden*, um sich die Erfahrung zu verschaffen, von der ich hier spreche.

Also, da gehen Sie nun die Straße entlang. Und Sie sehen diese Person, die weniger hat... übrigens sollten Sie kein Mitleid mit ihr haben. Sie haben sie dorthin versetzt. Sie haben diese Erfahrung erschaffen. Sie haben diese Person in Ihre Realität gebracht. Und das ist so, wie wenn Sie an Märchen glauben müßten. Sie müssen verstehen, daß es sich in dieser Weise ereignet. Ansonsten erblicken Sie diese kleine Seele und fangen an, Mitleid mit ihr zu haben. Sie sollten nie aus Mitleid an jemanden herantreten. Sie sollten aus fürsorglichem Interesse, aus Liebe kommen. Und das muß Ihnen klar sein: Liebe ist nicht Mitleid. Tatsache ist, daß Mitleid von Liebe so weit entfernt ist wie nur irgend möglich. Also gehen Sie nicht vom Mitleid aus, aber vom Mitgefühl.

Das Mitgefühl in Ihnen sagt: »Oh, da ist eine Person, die denkt, daß sie nicht das hat, was sie in ihrem Leben

Wegweisungen für den Alltag

haben könnte. Da ist eine Person, die immer noch in einem Glaubenssystem gefangen ist, das eine Konstruktion um ihre Realität aufbaut, die anders ist als die meine und anders als die letztliche Wahrheit.« Haben Sie diese Art von Mitgefühl, aber nie Mitleid.

Doch seien Sie sich auch klar darüber, daß diese Person unter Umständen einfach aufgrund einer früheren Absprache dort aufgetaucht ist: Ich denke, ich werde heute einen Penner auf der Straße spielen. Tatsächlich werde ich meine Rolle sechsunddreißig Jahre lang einüben, damit mich Neale Donald Walsch, wenn er heute die Straße entlangkommt, wie abgemacht um Viertel vor fünf hier antreffen wird und ich mich ihm in dieser Weise in seinem Leben präsentieren kann, um ihm die Gelegenheit zu geben zu merken, daß er in der Fülle lebt. Und er wird mir diesen Dollar geben, einen der letzten fünf, die er hat, und das wird meine Lebensrealität außerordentlich verändern. Denn für mich, der ich hier auf der Straße von den Leuten nur Nickels und Dimes bekomme, ist ein Dollar enorm viel Geld. Dieser Typ gibt mir einen Dollar. Und dann gehe ich meiner Wege und habe meinen siebenunddreißig Jahre währenden Vertrag, mich auf diese Weise an jener Straßenecke zu zeigen, erfüllt.

Seien Sie sich absolut klar darüber, daß nichts rein zu-

Rechtes Leben und Fülle

fällig passiert. Unsere Wege kreuzen sich auf sehr mysteriöse Weise, und manchmal finden wir uns zwanzig Jahre später wieder. Und es gibt mehr Dinge im Himmel und auf der Erde, als eure Schulweisheit sich träumt. Also seid euch klar: Es gibt keine bloßen Zufälle, keine rein zufälligen Begebenheiten.

Sie gehen also die Straße entlang und geben den letzten von Ihren fünf Dollars weg. Was ereignet sich da? Was passiert da? Sie haben das Paradigma von Gedanke, Wort und Tat umgedreht. Sie tun jetzt das, was eine aus der Fülle kommende Person tun würde, und Sie geben das weg, was Sie noch vor einer Stunde, bevor Sie diese Entscheidung trafen, keinesfalls weggeben zu können glaubten, weil Sie dachten, daß Sie nicht genug hätten. Doch jetzt ist Ihnen klar, daß Sie mehr als genug haben – so viel mehr, daß Sie sich dazu entschieden, es anderen zu geben.

Während Sie nun das weggeben, erschaffen Sie in Ihrem Körper, wie gesagt einer sehr groben Energieebene, eine Erfahrung. Der Körper merkt auf zellularer Ebene: »Mann o Mann, ich gebe dieses Geld weg. Schau dir das an. Ich laß es sogar los.« Das ist so ähnlich wie am Sonntag morgen in der Kirche. Sie wissen, wie Sie über Geld denken. Wenn dann das Körbchen herumgeht, ziehen Sie diese Dollarnoten aus der Tasche. »Ich

Wegweisungen für den Alltag

werde einen ganzen Dollar geben. Hast du das gesehen, Mildred? *Wow*, was für eine großartige Predigt heute morgen. Ich werde fünf Dollar daraus machen. Großartige Predigt.«

Ziehen Sie zwanzig Dollar aus der Tasche. Holen Sie Ihr Scheckbuch raus, und schreiben Sie einen Scheck über *hundert* Dollar aus. Lassen Sie Ihre Kirche wissen, wie wichtig sie Ihnen ist. Machen Sie das wenigstens einmal. Lassen Sie Ihre Kirche, Ihre Synagoge, Ihren Tempel, Ihre Moschee wissen: »So wichtig ist dieser Ort für mich. Sonst gebe ich so eine Summe für allen möglichen Unsinn aus und nicht für das, was *Sinn* macht.« Und tun Sie das, wo immer Sie etwas sehen, das für Sie Sinn macht. Geben, geben, geben Sie von was immer Sie haben an das, das für Sie Sinn macht. Und Sie werden entdecken, daß es Sinn für Sie macht. *Dollars und Sinn.*

Denn das, was Sie einem anderen geben, geben Sie sich selbst, weil das, was man gibt wieder zu einem zurückkommt. Geld verliert in dem Augenblick seinen Wert, in dem Sie versuchen, an ihm festzuhalten. Geld hat nur Wert, wenn Sie bereit sind, es loszulassen. Das sollten sich jene merken, die ihr Geld behalten und sparen. *Sie sparen gar nichts.* Wissen Sie, daß das sogar auf globaler Ebene der Ökonomie stimmt? Je länger Sie Ihr Geld behalten und sparen, desto weniger ist es wert. Um

Rechtes Leben und Fülle

das zu kaschieren, braucht es eine künstliche Konstruktion, Zinssatz genannt, um die Leute davon zu überzeugen, daß sich der Wert des Geldes durch ein Festhalten steigern läßt. Aber Sie haben Glück, wenn es Ihnen gelingt, den Wert des Geldes auch nur zu halten, wenn Sie lange an ihm festhalten.

Nein, nein, nein. Geld hat seinen größten Wert, wenn es *Ihre Hand verläßt.* Denn das befähigt und ermächtigt Sie, etwas zu sein, zu tun und zu haben, das zu sein, zu tun und zu haben Sie die Wahl getroffen haben. *Der einzige Wert des Geldes liegt darin, daß es Ihre Hand verläßt.* Aber wie gesagt, wir schaffen diese künstlichen ökonomischen Konstruktionen namens Zinssatz und so weiter, um Sie davon zu überzeugen, daß Sie Ihr Geld horten sollen. Sparen Sie ein wenig, wenn Sie wollen. Das ist in Ordnung. Ich selbst spare nicht sehr viel. Ich sorge einfach dafür, daß das Geld in Bewegung bleibt, ich halte es in Bewegung. Sie wissen, was ich meine – ich laß es einfach rausgehen und im Fluß bleiben.

Das ist die Antwort auf Ihre Frage: Wenn Sie Ihr Sein-Tun-Haben-Paradigma verändern, dann fangen Sie an, *zu handeln, als ob.* Dann beginnt Ihr Körper auf zellularer Ebene zu verstehen, wer Sie wirklich zu sein glauben. Als ich ein Kind war, pflegte mein Vater zu sagen: »Was glaubst du denn, wer du bist?« Ich habe den Rest

Wegweisungen für den Alltag

meines Lebens mit dem Versuch verbracht, diese Frage zu beantworten. Und mein Körper versucht zu verstehen, was ich darüber denke.

Wenn sich mein Körper in ein grobes Energiefeld begibt, dann fängt er an, Dinge in Bewegung zu setzen – er fängt zum Beispiel an, Dinge wegzugeben... Nun, es ist so wie mit dem Haar – Sie trainieren Ihr Haar, nicht wahr? Ich trainiere mein Haar auch. Ich kämme es nun schon seit Jahren auf diese Weise. Mein Haar ist trainiert. Und Ihr ganzer Körper kann so trainiert werden, nicht nur Ihr Haar. Und allmählich kapiert der Körper die Botschaft: »Ich habe das, was ich meiner Wahl nach empfangen will. Ich habe es bereits.« Also wenn Sie diese riesige Barriere erst einmal überwunden haben, ändert sich alles. Die Barriere besteht darin zu denken, es nicht zu haben. Und Sie versuchen zu bekommen, was Sie nicht haben, namentlich mehr Geld. Doch wenn Sie diesen Punkt erst einmal verstanden haben, dann *haben* Sie es; dann wird es nur noch zu einer Frage, wieviel Nullen hinter der ersten Ziffer stehen. Verstehen Sie? Auf diese Weise werden Sie entdecken, daß das, was Sie geben, tatsächlich auch wieder zu Ihnen zurückkommt. Nicht weil Sie irgendeinen magischen Trick mit dem Universum veranstaltet haben, sondern weil Sie endlich begriffen haben, wer Sie, auf einer universa-

106

Rechtes Leben und Fülle

len kosmischen Ebene, in Wahrheit sind. Das Universum sagt nie nein zu Ihren Gedanken über sich selbst. Es läßt sie nur wachsen. Haben Sie das gehört? Das Universum sagt nie nein zu Ihren Gedanken über sich selbst. Es läßt sie nur wachsen. Das Universum ist wirklich wundervoll. Denn Gott wächst auf Ihnen. Sehen Sie, Gott ist wie die Jauche des Universums. Ich dachte, ich sollte hier mal etwas völlig Ungehöriges sagen. Absolut empörend. Einen total aberwitzigen Vergleich bringen, um zu sehen, ob Ihr Geist den allerunerhörtesten Gedanken zu fassen vermag. Weil Gott – und ich meine das im freundlichsten Sinne – weil Gott das ist, was die Dinge wachsen läßt, zum Wachsen bringt. Und es wird Sie zum Wachsen bringen. Hilft Ihnen das ein bißchen?

Wenn es also etwas gibt, das Sie gerne sein, tun oder haben würden – hier ist das Geheimnis, hier ist die Wahrheit: Was immer es auch ist, das Sie Ihrer Ansicht nach gerne sein, tun oder haben würden, lassen Sie es *einen anderen* sein, tun oder haben. Betrachten Sie sich selbst als die *Quelle* statt als den *Empfänger* dessen, was Sie Ihrer Wahl nach im Leben erfahren möchten. Denn Sie sind nicht der Empfänger, sondern waren schon immer die Quelle und werden sie immer sein. Wenn Sie sich vorstellen, die Quelle dessen zu sein, was zu be-

Wegweisungen für den Alltag

kommen Sie sich wünschen, werden Sie sehr einfallsreich und reich an Hilfsquellen. Und dann werden Sie zu einem Magier, zu einem Zauberer.

Sie haben noch eine Frage? Ich will mich Ihnen so verständlich machen wie nur irgend möglich. Was ist Ihre Frage?

Ich höre und verstehe und begreife, was Sie sagen.
Ich frage mich, ob Sie auf den Punkt eingehen können,
daß wir diesen Widerstand beim Tun in uns haben,
weil wir immer noch glauben, immer noch
befürchten, daß wir, wenn wir etwas weggeben, es
nicht mehr haben werden. Der Widerstand ist
sozusagen der Stachel. Und ich würde gerne wissen,
wie Sie damit umgehen.

Wenn Sie wissen möchten, was Sie in Wahrheit glauben, dann schauen Sie sich an, welchen Dingen Sie sich widersetzen. Und am wichtigsten, schauen Sie sich an, welchen Veränderungen Sie Widerstand entgegensetzen.

Daran ist nichts Geheimnisvolles; wir wehren uns dagegen, das loszulassen, was wir nicht loslassen wollen, und das, was wir nicht loslassen wollen, ist das, was wir in Wahrheit glauben. Wir haben es hier also nicht mit

Rechtes Leben und Fülle

einer rätselhaften Konstruktion zu tun; ich spreche hier von etwas ganz Offensichtlichem. Und doch ignorieren wir zuweilen das Offensichtliche und schauen nicht wirklich hin. Wenn ich Leute sehe, die sich gegen irgendeinen Vorschlag, eine Veränderung, eine Idee, einen Grundgedanken gewaltig sträuben, dann rate ich ihnen oft, mal nachzusehen, ob es sich hier nicht um eine im tiefsten Innern gehegte Überzeugung von einer Wahrheit handelt... die zu verändern sie sich wehren. Und dann zu schauen, ob dieses so grimmige Festhalten an dieser Wahrheit ihnen wirklich dienlich ist. Schauen Sie sich in einem solchen Fall genau an, ob diese Wahrheit Ihnen dient. Es ist erstaunlich, wie wenige von unseren im tiefsten Innern gehegten Wahrheitsvorstellungen uns wirklich dienlich sind.

Als ich meine inneren Wahrheiten einer Überprüfung unterzog und sie an der Frage maß: »Dient es mir, an dieser Wahrheit festzuhalten?« überraschte ich mich damit, daß ich mich dazu entschloß, auf der Stelle eine ganze Reihe von ihnen aufzugeben. Da gab es einige bemerkenswerte Wahrheiten in meinem Leben, darunter auch derart vereinfachende, daß ich mich fast geniere, sie zu außern, wie zum Beispiel: »Ich bin wirklich keine sehr attraktive Person.« Ich meine physisch attraktiv.

Lassen Sie mich dazu etwas sagen. Dies hat nichts mit

109

Wegweisungen für den Alltag

Geld zu tun. Aber ich möchte es Ihnen trotzdem einfach erzählen. Ich entsinne mich, daß ich einmal mit einer sehr, sehr attraktiven Frau zusammen war. Wir lebten zusammen. Sie war eine sehr schöne Frau. Und ich stand vor einem Spiegel – wir waren dabei, uns zum Ausgehen fertig zu machen. Ich sah sie im Spiegel an und sagte: »Weißt du, du bist so fabelhaft, warum willst du mit einer Person zusammensein, die so aussieht wie ich?«

Ist es nicht interessant, daß ich eine solche Frage stellte? Das zeigt, was für ein niedriges Selbstwertgefühl ich hatte. Aber ich hatte es nun einmal gesagt, und sie versetzte mir mit ihrer Reaktion einen Schock. Sie war dabei, ihr Haar zu bürsten. Sie warf die Bürste auf die Frisierkommode, nahm ihre Ohrringe ab, schickte sich an, ihre Halskette abzulegen – und ich fragte: »Was machst du da?«

Und sie erwiderte: »Ich gehe nicht mit einer Person aus, die so wenig…« und ich dachte, nun würde sie sagen, »…von sich selbst hält.« Doch sie sagte: »…die so wenig von mir hält.«

»Was?« fragte ich. »Wer hält hier wenig von dir?«

Und sie antwortete: »Denkst du, ich habe einen so grauenhaften Geschmack? Ist es das, was du über mich denkst? Ich möchte, daß du weißt, daß ich einen sehr

110

Rechtes Leben und Fülle

guten Geschmack habe und daß du mich mit einer Frage wie dieser beleidigst.«

So hatte ich das nie gesehen. Interessant, nicht wahr? Ich weiß nicht einmal, warum ich Ihnen diese Geschichte erzähle. Es ist nur so, daß sie mir deutlich klarmachte, daß ich nichts kapiert hatte. Ich hatte eine sehr merkwürdige Vorstellung von mir, die sie überhaupt nicht teilte.

Ich machte also diese Liste mit all meinen Überzeugungen, die zu verändern ich mich bislang gewehrt hatte. Ich führte alle auf, angefangen bei meiner stark vereinfachenden Überzeugung, daß ich keine attraktive Person sei, bis hin zu sehr viel wichtigeren Glaubensvorstellungen: Gott ist nicht auf meiner Seite; die Welt ist ein unangenehmer Aufenthaltsort; jedermann ist gegen mich; du kannst nicht gegen das System an; der Sieger kriegt die Beute; nur die Stärksten und Fittesten überleben – sehr tief verwurzelte Überzeugungen, die mein Leben bestimmt hatten. Und die Anzahl dieser »inneren Wahrheiten«, die mir nicht dienlich sind, ist bemerkenswert.

Also sage ich zu den Leuten, wenn ich sehe, daß sie sich etwas widersetzen: Schaut es euch an. Dort liegt eure Wahrheit. Und dann seht euch an, ob euch diese Wahrheit dienlich ist. Und ich möchte wetten, daß

111

Wegweisungen für den Alltag

Ihnen diese Wahrheit in acht von zehn Fällen nicht länger dient. War sie Ihnen einmal dienlich? Möglicherweise. Dient sie Ihnen jetzt? Ich denke nicht. Doch das Ding, dem Sie sich widersetzen, das bleibt bestehen. Und nur das, was Sie sich anschauen und akzeptieren, kann verschwinden. Sie bringen es einfach dadurch zum Verschwinden, daß Sie Ihre Meinung darüber ändern.

Jetzt fühle ich einen Widerstand und setze mich über ihn hinweg. Einfach, weil ich es jetzt besser weiß. Weil ich jetzt weiß: Das Ding, dem du dich widersetzt, das bleibt bestehen, und das, was du dir anschaust, das verschwindet. Wenn ich jetzt in mir einen Widerstand gegen etwas spüre, dann weiß ich, daß dort, jenseits dieses Widerstands, die Wahrheit liegt. Was immer an Widerstand wo auch immer in meiner Realität auftaucht – jenseits davon befindet sich, wie ich nun weiß, die größte Wahrheit. Und weil ich das weiß, heiße ich dieses Gefühl, dieses Gefühl des Unbehagens, willkommen. Sehen Sie, das Leben beginnt da, wo unsere Behaglichkeitssphäre endet.

Damit meine ich, daß wir unsere Herausforderungen, unsere größten Chancen und Gelegenheiten jenseits unserer Bequemlichkeitszone finden. Wir haben alle die Neigung, uns im Behaglichen und Bequemen einzurich-

112

Rechtes Leben und Fülle

ten. Nicht nur im physischen, sondern oft mehr noch im mentalen Bereich. Und wenn wir es uns mental bequem gemacht haben, stagnieren wir auch mental. Wir sind dann so eine Art mentaler und auch spiritueller Kloß. Und das Aufregende im Leben findet sich am Rande all dessen, auf der anderen Seite des für uns gemütlichen Terrains. Die Gefahr, die in dieser Behaglichkeit liegt, besteht natürlich darin, daß wir nicht wachsen, uns nicht weiterentwickeln. Wir lernen nichts, wir expandieren nicht. Gut, wir fühlen uns behaglich, aber wir haben den Großteil unseres Lebens in puncto Erweiterung oder Wachstum nichts zustande gebracht.

Also halte ich immer Ausschau nach dem, was mir Unbehagen bereitet, und gehe da hinein. Denn genau das wird mich letztlich größer machen, wird mich zum Wachstum veranlassen und dazu, daß ich zu einer größeren Version meiner selbst, zu einer größeren Version dessen, was ich bin, werde. Deshalb schaue ich mir alles, was mir in meinem Leben Unbehagen bereitet, genau an.

Ich will Ihnen noch ein Beispiel geben. Vor acht oder zehn Jahren sah ich mir einen Film an, es war kein amerikanischer Film. Und darin gab es eine sehr intensive und dynamische Liebesszene, mit viel Nacktheit und in

113

Wegweisungen für den Alltag

allen Details dargestellt. Mir wurde dabei sehr unbehaglich zumute. Ich sah mir diese Szene an und dachte bei mir: »Was daran erweckt in dir ein solches Unbehagen? Wie kommt es, daß du ohne das geringste Unbehagen Sylvester Stallone dabei zusehen kannst, wie er den Leuten die Köpfe wegschießt? Unglaubliche Gewalt, die du dir da anschaust, vielleicht ein bißchen amüsiert, aber ohne jegliches Unbehagen. Und jetzt siehst du dir da diese Szene der sexuellen Liebe und erfüllten Leidenschaft an, und da ist ein Teil in dir, der sich ein bißchen unbehaglich fühlt.«

Das war vor acht oder zehn Jahren, und ich habe mich mit dieser Angelegenheit sehr lange befaßt. Was daran bereitete mir Unbehagen? Ich vertiefte mich in diese Frage und fand ein paar Antworten, die mein ganzes Leben veränderten, meine ganze Erfahrung im Zusammenhang mit der Sexualität, mit anderen Menschen, mit meiner Bereitschaft, einen Aspekt meiner selbst zu feiern, der ein so elementarer Teil meiner Grundnatur ist.

Ich änderte auch meine Ansichten über Gewalt. Wenn ich heute Gewaltszenen auf der Leinwand sehe, reagiere ich so, wie ich vormals bei Szenen reagierte, die ganz offen die Sexualität feiern. Diese Szenen kann ich mir jetzt ohne das geringste Unbehagen ansehen, aber

Rechtes Leben und Fülle

wenn ich Szenen offener Gewalt sehe, pralle ich zurück. Sie machen mir keinen Spaß, ich kann sie nicht einmal akzeptieren.

Ich habe hier ein einfaches Beispiel angeführt. Der Punkt, auf den es mir dabei ankommt, ist der, daß ich in meinem Leben gelernt habe, mir alles anzusehen, was mir Unbehagen bereitet, und mich dann tiefer in diese Erfahrung hineinzubegeben, weil sich dort wahrscheinlichr etwas findet, das ich heilen oder zumindest genauer erforschen möchte. Ich möchte herausfinden, ob mir die Tatsache, daß es mir Unbehagen bereitet, dienlich ist.

Wenn ich sage, daß das Leben da anfängt, wo die Behaglichkeitssphäre aufhört, dann meine ich das auch so. Auf dieser Seite unserer Bequemlichkeitszone findet nicht das wirkliche Leben, sondern eine Art langsamer Tod statt. Ich denke, den Menschen sollte es wenigstens sechsmal am Tag unbehaglich zumute sein. Und wenn es Ihnen das nicht ist, dann *tun Sie etwas*, das Ihnen Unbehagen bereitet. Halten Sie eine Rede, singen Sie ein Lied, tanzen Sie. Gehen Sie ins Kino und sehen Sie sich einen Film mit einer Menge Sexszenen an.

In dem Moment, in dem ich anfange, mich unbehaglich zu fühlen, sage ich mir: »Oh, da ist wieder dieses Unbehaglichkeitsgefühl. Ja, ja, nur zu. Ich fühle mich

Wegweisungen für den Alltag

tatsächlich wohl mit meinem Unbehagen – falls das irgendeinen Sinn für Sie ergibt.

Verstehen Sie die göttliche Dichotomie? Ich finde Trost in meinem Unbehagen, in diesem anfänglichen Moment von »Oh, ich habe nicht...« – »Nichts für mich«. Vor einer Weile wurde ich gebeten, Geld für eine sehr wichtige Sache zu spenden, und ich notierte mir den Gedanken: »Na gut, praktiziere, was du predigst.« Also schrieb ich einen Scheck über zehntausend Dollar für diese bestimmmte Sache aus. Schön und gut. Dann dachte ich bei mir: »Also auch für mich ist das keine geringe Summe...« Und ich fing an, schwer zu atmen, zu keuchen. Dann steckte ich den Scheck tatsächlich in einen Umschlag. Sollte ich ihn wirklich abschicken? Doch dieses Gefühl des Unbehagens, dieses »Ich bin mir gar nicht sicher, ich bin mir da wirklich nicht so sicher« bedeutet, ich bin mir absolut sicher. Es bedeutet, daß der höchste Aspekt meiner selbst zu mir spricht – und das auf eine Art und Weise, die Schwingungen durch alle meine Körperzellen schickt, die ich früher als Unbehagen bezeichnete, jetzt aber ein Signal des Göttlichen nenne. Begeben Sie sich da hinein, laufen Sie nicht mehr davor weg.

Wann immer ich mir selbst die Erfahrung von meiner Großartigkeit verweigert habe, war es deshalb, weil ich

Rechtes Leben und Fülle

vor meinem Unbehagen floh, statt mich in es hineinzubegeben – und mich so vom Ort meiner Freude aus-
schloß. Das war nicht nur ab und zu, sondern *in jedem
einzelnen Fall* so.

Nun werden einige von Ihnen fragen: »Aber was ist
mit der Vorsicht?« Und meine Antwort lautet: »Schlagen Sie die Vorsicht in den Wind. Was können Sie schon
verlieren außer allem?« Und solange Sie nicht bereit
sind, alles zu verlieren, können Sie auch nicht alles
haben. Denn Sie glauben, es geht um das Festhalten an
dem, was Sie jetzt haben. Das, woran Sie festhalten,
wird Ihnen durch die Finger gleiten. Doch das, was Sie
loslassen, wird siebenfach zu Ihnen zurückkommen.
Denn wenn Sie sich um Ihres lieben Lebens willen an
etwas klammern, bedeutet das, daß Sie glauben, davon
und von allem anderen getrennt zu sein – und dies ist
eine extrem starke Aussage.

Schauen Sie, ich bin hier, und Sie sind da. Und ich
habe all dieses Zeug und muß daran festhalten.

Aber Ihr *Loslassen* ist die großartige Aussage, daß
Ihnen klar ist, daß es keinen Ort gibt, wo Sie enden und
ich anfange. Deshalb gebe ich es, wenn ich es loslasse
und an Sie weitergebe, in einem sehr realen Sinn an
mich zurück.

Hier sind drei Worte, an die Sie immer denken sollen.

Wegweisungen für den Alltag

Tätowieren Sie es sich auf Ihr linkes Handgelenk: *Sei die Quelle.*

Seien Sie die Quelle dessen, was Sie für einen anderen wählen würden. Gehen Sie von diesem Ort des »Ich bin die Quelle« aus.

Wenn Sie sich mehr Magie in Ihrem Leben wünschen, dann bringen Sie durch sich mehr Magie in den Raum ein. Wenn Sie sich mehr Liebe in Ihrem Leben wünschen, dann bringen Sie durch sich mehr Liebe in den Raum ein. Wenn Sie sich mehr Freude in Ihrem Leben wünschen, dann bringen Sie durch sich mehr Freude in den Raum ein.

Seien Sie im Leben der anderen die Quelle dessen, was Sie sich für Ihr eigenes Leben wünschen.

Wenn Sie mehr Geld in Ihrem Leben haben wollen, dann bringen Sie mehr Geld in das Leben anderer. Was immer es ist, das Sie in höherem Maße haben wollen... mehr Mitgefühl in Ihrem Leben... mehr Weisheit in Ihrem Leben, dann seien Sie die Quelle der Weisheit im Leben anderer. Wenn Sie mehr Geduld, mehr Verständnis, mehr Freundlichkeit, mehr Sex... der Punkt ist, es funktioniert. Es *funktioniert.* Es ist köstlich.

Und durch diesen Prozeß und durch den Prozeß des Seiens, den Prozeß des Seins, wer Sie wirklich sind, bringen Sie praktisch über Nacht die Erfahrung der rech-

Rechtes Leben und Fülle

ten Lebensweise und der Fülle in Ihr Leben. Und die Welt wird Sie mit allem Lohn überschütten, nach dem Sie so viele Jahre lang vergeblich gestrebt haben.

Lassen Sie zu, daß Ihr Tun dem Ort Ihres Seins entspringt. Seien Sie glücklich, seien Sie in der Fülle, seien Sie weise, seien Sie kreativ, seien Sie verständnisvoll, seien Sie eine Führungsperson, seien Sie in jedem Augenblick Ihres Lebens der oder die, der oder die Sie wirklich sind. Kommen Sie von diesem Ort her, und lassen Sie Ihr Tun diesem Ort entspringen. Sie werden für sich ein Leben erschaffen haben und es gestalten, statt ein bloßes Dasein zu fristen.

Zum Abschluß

Ich halte mich selbst für keine oberflächliche Person. Ich sehe all die Probleme der Knappheit, des Mangels und der Armut, von denen die Welt geplagt ist. Ich begreife, daß für den größten Teil der Weltbevölkerung das Wort Fülle, so wie es gegenwärtig die meisten Menschen gebrauchen, wenig bedeutet. Für sie hat das Wort *Überleben* eine weitaus größere Bedeutung.

Mir ist auch klar, daß das nicht unbedingt so sein muß. Niemand von uns sollte sich Sorgen um das alltägliche Überleben machen müssen. Es sollte garantiert sein, ebenso wie die Grundlagen für ein menschenwürdiges Dasein – ausreichend Nahrung, Kleidung und ein Obdach für alle. Warum wir Menschen all das, was wir haben, nicht großzügiger miteinander teilen, ist kein Rätsel. Die meisten Menschen glauben an den »Mangel«. Das heißt, sie glauben – und auch die, die eine Menge haben (vielleicht *ganz besonders* die, die eine Menge haben) glauben –, daß nicht genug da ist, um es zu verteilen. Oder anders ausgedrückt, wenn *jedermann*

Wegweisungen für den Alltag

auf dem Planeten einen fairen Anteil bekäme, würden die von uns, die einen *unverhältnismäßig großen* Anteil an all dem haben, nicht »genug« haben.

Das führt zu einer anderen, nicht unwesentlichen Frage. Wann ist »genug« genug?

Für die Menschen, die ihren Hauptlohn im Leben, die höchste Befriedigung und großartigste Erfahrung aus der Qualität ihres Seins beziehen, ist das, *was immer sie jetzt haben,* genug. Das ist die Lektion, die manche spirituelle Meister und Meisterinnen, die alles aufgeben und ein Leben der Entsagung führen, zu lehren bestrebt sind. Sie wollen damit nicht demonstrieren, daß man in Entsagung leben muß, um zum wahren Glück zu gelangen. Sie wollen nur zeigen, daß materielle Besitztümer dazu *nicht notwendig* sind.

Doch wenn ein hoher Seinszustand in ein Tun in der Welt umgewandelt wird, hat man die rechte Lebensweise erreicht, und alle Kämpfe verschwinden aus unserem Leben und werden durch wahre Fülle ersetzt. Als ich das in den Bänden von *Gespräche mit Gott* las, wollte ich unbedingt wissen, wie man das in die Praxis umsetzt. Ich wollte ernsthaft wissen, wie sich meine Aktivitäten in der alltäglichen Arbeitswelt in einen heiligen Ausdruck dessen, wer ich wirklich bin, transformieren ließen.

Rechtes Leben und Fülle

Das Ergebnis war die Inspiration zur Herausgabe eines Büchleins mit dem Titel *Bring Licht in die Welt*, das jene, die es gelesen haben, zumindest dieses Rätsel des Lebens einigermaßen verstehen ließ, wie sie mir sagten.

Wenn Sie nach einer etwas interaktiveren Erfahrung suchen, so bietet die Stiftung jedes Jahr drei fünftägige Intensivkurse an: »Recreating Your Self«. Sie gründen sich auf die Botschaften von GMG und sind vor allem für jene Personen gedacht, die sich ihre gegenwärtigen Lebenserfahrungen sehr genau ansehen und nach Möglichkeiten suchen, eine fundamentale Veränderung herbeizuführen.

Wenn Sie mehr Informationen zu diesen Retreats erhalten möchten, schreiben Sie bitte an:

CWG Recreating Your Self Retreats
Conversations with God Foundation
PMB # 1150
1257 Siskiyou Blvd.
Ashland, OR 97520
USA

Wegweisungen für den Alltag

Zudem werden viele Fragen zum Thema Fülle und zu allen anderen Themen, die in den Bänden von *Gespräche mit Gott* abgehandelt werden – in dem regelmäßig erscheinenden Newsletter der Stiftung angesprochen. Der Newsletter enthält Fragen von Leserinnen und Lesern von überallher. Ich beantworte jeden Brief persönlich.

Wenn Sie gerne mit der Energie von GMG »in Verbindung bleiben« möchten, können Sie ein Jahresabonnement (zwölf Ausgaben) des Newsletters erhalten, indem Sie für ein internationales Abo US-$ 45 an die Stiftung schicken.

Schließlich haben meine Verleger eine wunderbare Sammlung mit den besten Fragen und Antworten der vergangenen fünf Jahre unter dem Titel *Fragen und Antworten zu »Gespräche mit Gott«* herausgebracht. Dieses Buch und das *Gespräche mit Gott-Arbeitsbuch* sind zwei der hilfreichsten Bücher für die, die wirklich nach einem umfassenderen Verständnis des Materials von *Gespräche mit Gott* streben und praktische Wege zu dessen Umsetzung im Alltagsleben finden wollen.

Ich hoffe, daß wir alle durch diese und andere Mittel mehr über Fülle lernen und verstehen, was sie wirklich bedeutet und wie wir sie erfahren können. Ich hoffe, daß wir alle daran denken, großzügig alles zu teilen, was wir haben und sind. Ich weiß, daß einige von uns das tun.

Rechtes Leben und Fülle

Aber es gab einmal eine Zeit, in der wir dies alle taten. Wir wußten, wie man ohne Erwartungen und Ängste lebt, ohne Bedürftigkeit und ohne Macht über jemanden haben oder irgendwie besser sein zu müssen als ein anderer. Wenn wir an diesen Ort zurückkehren können, können wir unser Leben und auch die Welt heilen.

Seid gesegnet.

Der erste und grundlegende
Band der
»Gespräche mit Gott«-Trilogie –
ungekürzt als Hörbuch!

Neale Donald Walsch
Gespräche mit Gott
7 CDs
ISBN 3-442-33683-X

*Neale Donald Walsch empfiehlt in »Gespräche mit Gott,
Band 3« eine Handvoll »Bücher, die die Welt verändern«.*

*Thom Hartmanns Werk rühmt er mit folgenden Worten:
»Ein Buch, das Sie schockieren und wachrütteln ....
und vielleicht auch verärgern wird. Was auch immer, es wird
Sie keinesfalls unberührt lassen. Sie werden Ihr Leben und das
Leben auf diesem Planeten nie wieder auf dieselbe Weise
erfahren können. Leicht zu lesen, dringlich und eindringlich.«*

Thom Hartmann, Unser ausgebrannter Planet
Von der Weisheit der Erde und der Torheit der Moderne
360 Seiten, DM 44,–/öS 321,–/sFr 39,50 ISBN 3-570-50011-X

Riemann
One Earth Spirit

Der Nr.1-Bestseller in den USA zur Schattenarbeit:

Debbie Ford, Die dunkle Seite der Lichtjäger. Kreativität und positive Energie durch die Arbeit am eigenen Schatten 14167

Neben den lichtvollen Seiten gehört zu unserer Persönlichkeit auch der »Schatten« - Charakterzüge, die wir nicht wahrhaben wollen und daher verdrängen. Erst wenn wir die Schattenseiten unseres Wesens anerkennen und heilen, können wir Zufriedenheit, innere Ausgeglichenheit und tiefes Wohlbefinden erlangen. Debbie Ford ermutigt jeden, sich den Abgründen und Ängsten der eigenen Psyche zu stellen.